Perfekt im Plan

Praxisleitfaden für erfolgreiches Projektmanagement in Kita und OGS

2. Auflage 2011

Herausgegeben und entwickelt von
Mechthild Homberg und **Dr. Michael Obermaier**

Carl Link

Bibliografische Informationen der Deutschen Bibliothek
Die Deutsche Bibliothek verzeichnet diese Publikation in der Deutschen Nationalbibliografie; detaillierte bibliografische Daten sind im Internet über **http://dnb.ddb.de** abrufbar.

Art.-Nr. 06143000 (ISBN 978-3-556-06143-5)

Titelbild: Fotolia

Verantwortlich:
Carl Link, Wolters Kluwer Deutschland GmbH
Adolf-Kolping-Straße 10, 96317 Kronach
E-Mail: *info@wolterskluwer.de*
Internet: *www.wolterskluwer.de*

Printed in Germany – Imprimé en Allemagne

Inhalt

Vorwort zur zweiten Auflage

Die erste Auflage dieses Arbeitsbuches wurde von der Leserschaft erfreulich schnell akzeptiert und war schon nach drei Jahren vergriffen. Dies gab Gelegenheit, in der vorliegenden Auflage Fehler zu korrigieren, den derzeitigen Trends im Elementar- sowie Primarbereich anhand aktueller Beispiele Rechnung zu tragen sowie einige Angaben zu aktualisieren. Hilfreich für die Neubearbeitung war es insbesondere, dass wir tätigkeitsbedingt zahlreiche Erfahrungen aus dem Studiengebrauchs des Buches an der Universität zu Köln sowie und aus der Erzieherinnenausbildung am Erzbischöflichen Berufskolleg Köln sammeln konnten, denn klar ist, dass das einzig Bleibende der Wandel ist.

Und insbesondere die Veränderungen der Lebenswelten von Kindern, Familienstrukturen sowie der sozialen und wirtschaftlichen Rahmenbedingungen wirken sich stark auf die Tätigkeit in Kindertagesstätten (Kita) und vor allem in den Offenen Ganztagsgrundschulen (OGS) aus: Immer mehr ist dort schnelles, flexibles Handeln erforderlich, um im Zuge der Veränderungsprozesse handlungsfähig zu bleiben. Insbesondere die aktuellen Reformbemühungen im elementarpädagogischen Bereich bringen für beide Institutionen vielfältige und vor allem anspruchsvolle Anforderungen wie Qualitätsentwicklung, Bildungskonzept oder Sprachförderung mit sich. Dies bedeutet zunächst ein hohes Maß an Aufbruchsbereitschaft angesichts der Fülle an erforderlichen Veränderungsprozessen. Damit diese vielfältigen und anspruchsvollen Projekte aktiv angegangen und umgesetzt werden können, ist ein umfassendes Kompetenzprofil der dort Tätigen sowie ein hohes Maß an Kooperationsfähigkeit erforderlich. Neben den fachlich-pädagogischen Fähigkeiten entscheiden zunehmend organisations- und sozialraumorientierte Kompetenzen darüber, ob den Ansprüchen an das Management, die Planung, die Mitarbeiterinnen sowie die Konzept-, Kooperations- und Qualitätsentwicklung Stand gehalten wird.

In diesem Zusammenhang nimmt folglich die Anzahl, die Geltung und auch die Größe von Projekten rasant zu und diese daher einen zentralen Stellenwert in der Veränderungskultur von Kitas und OGS ein. Um diesen Anforderungen nachzukommen, wird vermehrt auf parallele Arbeitsformen zurückgegriffen: Teams, Projektgruppen, Kooperationen und andere Formen der zeitlich begrenzten Zusammenarbeit innerhalb und zwischen Institutionen bieten für diese Aufgabenstellungen vielversprechende Lösungsansätze. Projektkompetenz der Leitungen wie auch der pädagogischen Fachkräfte wird somit zu einem kritischen Erfolgsfaktor in der Novellierung der derzeitigen Bildungspraxis sowie der Positionierung der einzelnen Institution in der sich derzeit rasant wandelnden Bildungslandschaft.

Hier ist ein Hinweis auf den schnellen Ausbau der Offenen Ganztagsschule erlaubt, wo in NRW Schule und Jugendhilfe die Zusammenarbeit umsetzen sollen und Träger, die eigens gegründet und/oder mit unterschiedlichen Aufgabenstellungen vertraut, ein gemeinsames Konzept zu verwirklichen haben. Die Begleitung auf Landesebene schloss bereits ab, bevor die erforderlichen Ressourcen entwickelt werden konnten. So ist zu wünschen, dass Projekte folgen, die auf die explosive Aufnahme von Kindern mit besten Konzeptbausteinen antworten. Vernetzung zwischen Schule und Jugendhilfe sowie zwischen OGS und Kita sind wesentliche Eckpfeiler zur Orientierung für Kinder und Eltern. Gleichzeitig sollten die Empfehlungen Quigs 2 NRW in die Entwicklungsprozesse einfließen zur Sicherung der Qualität.

Jedoch die mittlerweile vielgestaltige Verwendung des Begriffs Projekt stimmt Experten wie projekterfahrene Praktiker nachdenklich, da schon nahezu jedes mehr oder minder ziellose Ausprobieren als Projekt bezeichnet wird und dadurch nicht selten das Scheitern vorprogrammiert ist. Gerade an diesem entscheidenden Punkt, nämlich der gelingenden, zufriedenstellenden und effektiven Initiierung, Realisierung und Evaluation von Projekten in Kitas und OGS kann der ernüchternde Blick in die Ergebnisse der Projektforschung Enttäuschungen und Entmutigungen vorbeugen und für eine professionelle Herangehensweise im Sinne eines strukturierten Projektmanagements sensibilisieren und motivieren, denn alle Qualitätsentwicklungen basieren auf Projektmanagement.

Unter dem Titel „Projektmanagement: Abenteuer Wertvernichtung" zeichnet eine Längsschnittstudie zum Projektmanagement in deutschen Organisationen ein deutliches Bild des Scheiterns. Im Jahre 2002 haben lediglich 13 % der durchgeführten Projektarbeiten in deutschen Organisationen zu einer Wertsteigerung beigetragen, mit einem finanziellen Verlust von etwa 150 Mrd. Euro, ungeachtet der menschlichen Frustrationen, motivationalen Reibungsverluste und sozialen Verwerfungen. So werden bei knapp 57 % der Projekte die falschen Zielsetzungen (Effektivität) und bei 59 % die mangelhafte Umsetzung der Projekte (Effizienz) für dieses fulminante Scheitern verantwortlich gemacht (vgl. Gröger 2004). Diese wenig ermutigenden Ergebnisse bestätigt u. a. die CHAOS-Studie der Standish-Group, die seit 1994 regelmäßig internationale Projekte auf ihren Erfolg hin evaluiert. Als die drei Hauptgründe, die zum Scheitern von Projekten führen, werden benannt:

1. die unklare und unvollständige Zielsetzung (methodisches Defizit),
2. die fehlende Zusammenarbeit und Vernetzung der Projektbeteiligten (sozial-kommunikatives Defizit) sowie
3. die häufigen Änderungen der Projektplanung (organisatorisches Defizit) (vgl. Standish-Group 2011).

Zum gleichen Ergebnis kommt die aussagekräftige Studie der Deutschen Gesellschaft für Projektmanagement (GPM 2004, S. 2), die als Faktoren für das Scheitern von Projekten folgende Gründe darlegt:

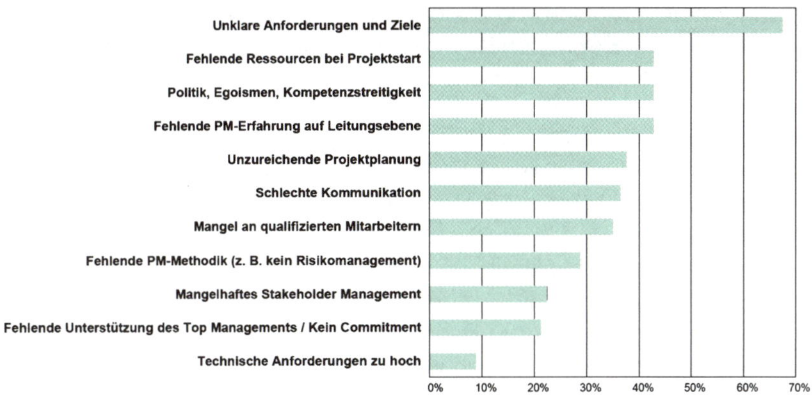

Auch in Kitas ist die derzeitige Situation in Sachen Projekterfolg heikel, wie die viel besehene Studie des Instituts für Gesundheit und Organisation aufzeigt, wonach 92 % der befragten Erzieherinnen angeben, dass zu viele Arbeitsaufgaben zu erfüllen sind, vor allem Betreuungs-, Bildungs-, Erziehungs- und Verwaltungsaufgaben, zudem ist bei Erledigung dieser Aufgaben oft Zeitdruck gegeben. Weiter geben über 57 % der Befragten an, für die anstehende Aufgabenvielfalt nicht entsprechend ausgebildet zu sein (vgl. Rudow 2004). Gleichwohl das Thema Projektarbeit in Kitas und OGGS nicht neu ist, so stellt indes die strukturierte Organisation von Projekten im Sinne eines professionellen Projektmanagements in den meisten Fällen noch unbetretenes Neuland dar (vgl. Obermaier 2007).

Doch gerade das Arbeiten in Projekten bietet die großartige Möglichkeit, sich aktiv an Veränderungsprozessen zu beteiligen sowie verstärkt Eigeninitiative, vernetztes Denken, Engagement, Teamarbeit und Kreativität für die konkreten Aufgabenstellungen zu nutzen. Jedoch für die zufriedenstellende und gelingende Bewältigung von Projektaufgaben, wie dies oben dargestellt wurde, sind der entsprechende Überblick sowie ein professionelles Vorgehen nötig. Das vorliegende Buch dient als strukturierte Arbeitshilfe für die professionelle Initiierung, Planung, Durchführung, Dokumentation, Evaluation sowie Nachbereitung von Projekten in und für Kitas und OGS.

Deshalb richtet sich der Inhalt speziell an interessierte Leiterinnen/Erzieherinnen in Kitas sowie Lehrkräfte im Primarbereich. Hintergrundinformationen, Begriffserklärungen und strukturierte Arbeitsschritte sind eng mit der konkreten Praxis verknüpft nach dem Motto: Theorie für die Praxis.

Am Beispiel des anspruchsvollen EU-geförderten Projekts EASE (EARLY YEARS TRANSITION PROGRAMME) werden jeweils wichtige Strukturen deutlich, Planungen zur konkreten Durchführung aufgezeigt und vor allem aufschlussreiche Erfahrungen aus Sicht der Projektkoordinatorin (Autorin) wiedergegeben. Das Projekt verdeutlicht exemplarisch die Bandbreite der zu steuernden Prozesse. Die Komplexität des Anspruchs der gelingenden Transition von der Kindertagesstätte in die Grundschule/OGS erfordert eine hohe Kooperations- und Kommunikationsbereitschaft, die nur mit besonderem Engagement umzusetzen ist. Hier wird aufgezeigt, wie bereits im Ausbildungsprozess der Erzieherinnen und Lehrerinnen die Wege gebahnt werden, Transition zu erleichtern und die Bildungskontinuität für die Kinder zu sichern.

Ein Hinweis vorweg: Am Projektmanagement in Kitas und OGS sind alle beteiligt: Kinder, Frauen und Männer. Jedoch um die Lesbarkeit des Textes zu erhöhen, wird im Folgenden auf die konkrete Nennung sowohl der weiblichen als auch der männlichen Wörter und Endungen verzichtet und es werden nur die weiblichen Formen verwendet – ohne dabei zu vergessen, dass in diesem Bereichen auch Männer arbeiten.

Viel Freude und Erfolg bei der Durchführung
Ihrer Projekte wünschen Ihnen

Mechthild Homberg und **Dr. Michael Obermaier**

1

Grundlagen des Ganzheitlichen Projektmanagements im sozialpädagogischen Bereich

1 Grundlagen des Ganzheitlichen Projektmanagements im sozialpädagogischen Bereich

Der allgemein bekannte Projektmanagement-Spruch: „Sage mir, wie dein Projekt beginnt, und ich sage dir, wie es enden wird!“ (Lomnitz) lässt bereits erahnen, dass es sich lohnt, sich zunächst in aller Ruhe einen fundierten Überblick über dieses Thema zu verschaffen. Insofern hat dieses Kapitel zum Ziel, ein grundlegendes Verständnis der Methode des Ganzheitlichen Projektmanagements zu schaffen, indem einleitend das Thema in die Diskussion um Qualität und Qualitätsentwicklung eingebettet wird und nachfolgend tragende Begriffe und Prozesse anhand folgender Fragen behandelt werden:

- Was ist ein Projekt?
- Was ist Management?
- Was ist Ganzheitliches Projektmanagement?
- Was sind Projektphasen?
- Was sind die Kriterien für erfolgreiches Projektmanagement?

1.1 Projektmanagement als Teil der Qualitätsentwicklung in Kita und OGS

Seit der breit angelegten „Qualitätsoffensive“ durch die Kultusministerkonferenz 2006 befindet sich das komplette bundesdeutsche Bildungssystem – von der Krippe bis zur Hochschule – in Bewegung. Im Zuge dieser flächendeckenden Reform ist nun die konkrete Einzelinstitution auf den Weg der innovativen, reformorientierten Entwicklung – flankiert durch interne und externe Evaluation, Qualitätssicherung und Qualitätsmanagement.

Die Begriffe Innovation, Reform und Entwicklung verweisen auf Dynamik, Veränderung und auf ein prozesshaftes Geschehen. Während jedoch der Ausdruck Innovation die Einführung von bestimmten Neuerungen und der Reformbegriff die Umformung von Bestehendem meint, so bedeutet Entwicklung, dass Neuerungen nicht nur als Reformmodell geplant und konzipiert, sondern insbesondere auf verschiedenen Ebenen im Rahmen eines Entwicklungs- und Implementationsprozesses realisiert werden müssen und zwar auf den Ebenen der Organisations-, der Konzept- bzw. Unterrichts- sowie der Personalentwicklung. Dies verweist darauf, dass reformbasierte Innovationen in und von der „Praxis“ umgesetzt werden müssen (vgl. Müller-Neuendorf & Obermaier 2010, 30).

Die Kitas stehen nun einer Vielzahl von Aufgaben gegenüber: die Bildungspläne umsetzen, die Kinder individuell betreuen, eine gezielte Sprachförderung betreiben, die Eltern- und Familienbildung forcieren sowie Kooperationen mit anderen Institutionen, vor allem aber mit der Grundschule eingehen. Die Grundschule und insbesondere die offene Ganztagsgrundschule wiederum ist aufgefordert, aktive Schulentwicklung in Kooperation mit Kitas, schulischen und außerschulischen Partnern zu betreiben. „Bildung und Erziehung, Förderung und Betreuung aus einer Hand – in gemeinsamer Verantwortung aller beteiligten Professionen – das ist das Modell“ (vgl. Serviceagentur NRW 2007, 56). Dies fordert die Schulträger, die öffentlichen und freien Träger der Kinder- und Jugendhilfe, die Partner der Schule aus Kultur, Sport, Umwelt und viele andere Bereiche heraus, die bisher erprobten Qualitätsentwicklungsprozesse zu überdenken und neu zu formulieren.

Erforderlich sind daher Instrumente und Methoden, welche die Kitas, die Schulen und ihre Partner darin unterstützen, eigenverantwortlich und selbstständig Bildungsangebote und außerunterrichtliche Angebote zu einem gemeinsamen Ganzen zu verbinden. Während es im Bereich der Evaluation und Qualitätssicherung schon tragfähige Prüfinstrumente wie PädQUIS, Quigs oder SEIS gibt, ist die Frage nach dem **professionellen WIE** der Umsetzung noch wesentlich ungeklärter.

Diese Lücke zu schließen intendiert die im Folgenden vorgestellte Methode des Ganzheitlichen Projektmanagements, denn Qualitätsentwicklung und Qualitätssicherung sind keine von sich selbst aus Wirkungsmacht erzeugenden Prozesse. Auch kann Qualität nicht einfach verordnet werden. Vielmehr wird Qualität dort verbessert, wo sie stattfindet, nämlich im konkreten Alltag mit konkreten Menschen – und dazu wird neben Motivation und pädagogischem Engagement ein spezielles Handlungswissen benötigt: Projektkompetenz.

1.2 Einführung in die Methode des Ganzheitlichen Projektmanagements

Was ist ein Projekt?

Projekte gibt es, seit Menschen größere Vorhaben gemeinschaftlich durchführen: Der Bau der Chinesischen Mauer, der Flug zum Mond oder die Europäische Gemeinschaft sind Beispiele für herausfordernde Leistungen mit Projektcharakter. Doch geschah dies lange Zeit formlos, allein aufgrund der Erfahrungen, Kenntnisse oder Intuitionen der Verantwortlichen. Erst im 20. Jahrhundert wurden diese informellen Verfahren zusammengetragen, systematisiert und in eine wissenschaftlich aufbereitete Form gebracht, unter der heute Projektmanagement betrieben wird.

Mit dem Begriff *Projekt* (lat. proiacere = vorstrecken) wird umgangssprachlich ein besonderes Vorhaben bezeichnet, das Entwurfscharakter besitzt. Fachlich präziser ist ein Projekt nach Boy et al. (2003, S. 20) durch folgende sieben Merkmale definiert:

1. Komplexes, neuartiges Vorhaben mit Risiko und einer gewissen Einmaligkeit (keine Routinetätigkeit)
2. Eindeutige Aufgabenstellung, Verantwortung und überprüfbare Zielsetzung für ein Gesamtergebnis
3. Verschiedenartige, untereinander verbundene, wechselseitig voneinander abhängige Teilaufgaben
4. Zeitliche Befristung
5. Begrenzter Ressourceneinsatz (finanziell, zeitlich, personell)
6. Besondere, auf das Vorhaben abgestimmte Organisation
7. Nachhaltige Wirkung

Das Projekt *EASE* zeigt die 7 Merkmale auf, erweist sich als höchst komplex und durch die Kooperationsanforderungen an 8 EU-Länder, Bezirksregierung, 5 Berufskollegs, an die Kooperation zwischen Erzbischöflichen Berufskolleg Köln und dem Studienseminar Köln, an Grundschule (Lehramtsanwärterinnen), Kita (Berufspraktikantinnen) und Eltern extrem risikobehaftet (s. Organigramm auf nächster Seite).

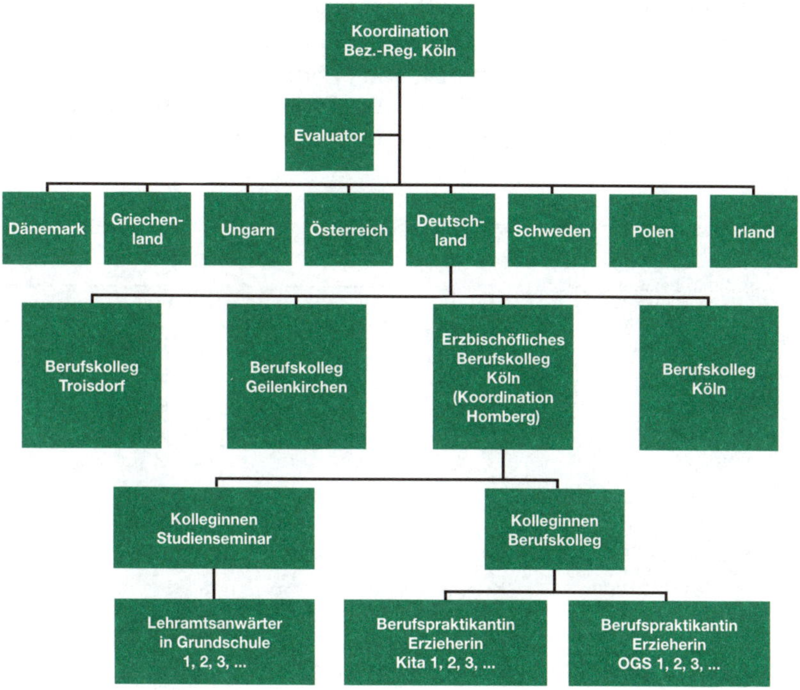

Was ist Management?

Anhand dieser Kriterien, die festlegen, ob eine Idee oder ein Vorhaben als Projekt bezeichnet werden kann, werden viele organisatorische Fragen aufgeworfen, die zum Begriff Management überleiten, der vor allem in pädagogischen Kreisen häufig als Reizwort und als Synonym für menschenfeindliche Steuerung verstanden wird. Doch auch hier lohnt sich der Rückblick auf die sprachliche Herkunft, denn es zeigt sich, dass der lateinische Begriff *manus agere* ein urpädagogischer ist und soviel bedeutet wie jemanden an der Hand führen. Im 20. Jahrhundert wurde Management durch Mary Follet noch sehr frei als „die Kunst, zusammen mit anderen Menschen etwas zu erledigen" definiert und umfasst heute alle Vorgänge der Planung, Überwachung, Koordination und Steuerung von organisatorischen Prozessen.

Insofern fasst die Methode des Projektmanagements die Aspekte eines Projektes mit denen des Managements zusammen und umfasst nach DIN 69901 die „Gesamtheit von Führungsaufgaben, -organisation, -techniken und -mittel für die Abwicklung eines Projektes“ (Kolisch & Harland 2006), wie dies die nachfolgende Abbildung verdeutlicht.

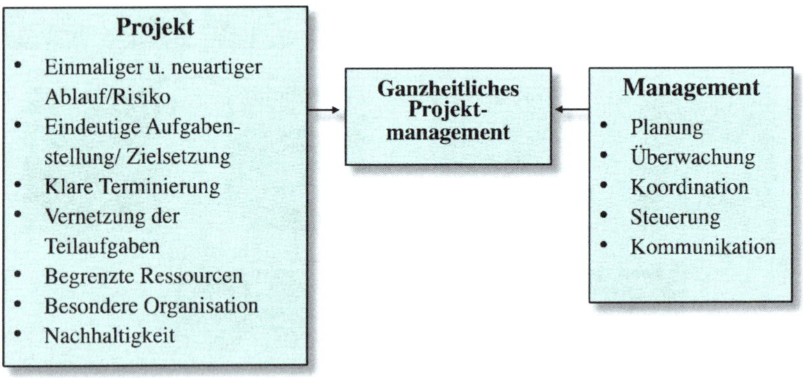

Was ist Ganzheitliches Projektmanagement?

Der Erfolg von Projekten ist stets von der ganzheitlichen, systemischen Sichtweise abhängig. Die Herausforderung besteht darin, sich zunächst der Rahmenbedingungen klar zu werden und diese genau zu analysieren. Neben den oben genannten Kriterien des Projektmanagements müssen im Sinne eines Ganzheitlichen Projektmanagements den sozialen, kommunikativen und emotionalen Kompetenzen und Ressourcen, den sog. Soft Skills, besondere Beachtung geschenkt werden. Gleichzeitig sind Kunden-, Mitarbeiterinnen- und Institutionsinteressen integrativ zu betrachten. Daher ist es unerlässlich, die im Projektsystem Wirkenden (Projektbeteiligte und Kunden) von Anfang an in die Prozesse einzubinden.

Ganzheitliches Projektmanagement nimmt die Sachebene und die psychosoziale Ebene gleichberechtigt in den Blick, wie die nachfolgende Abbildung veranschaulicht.

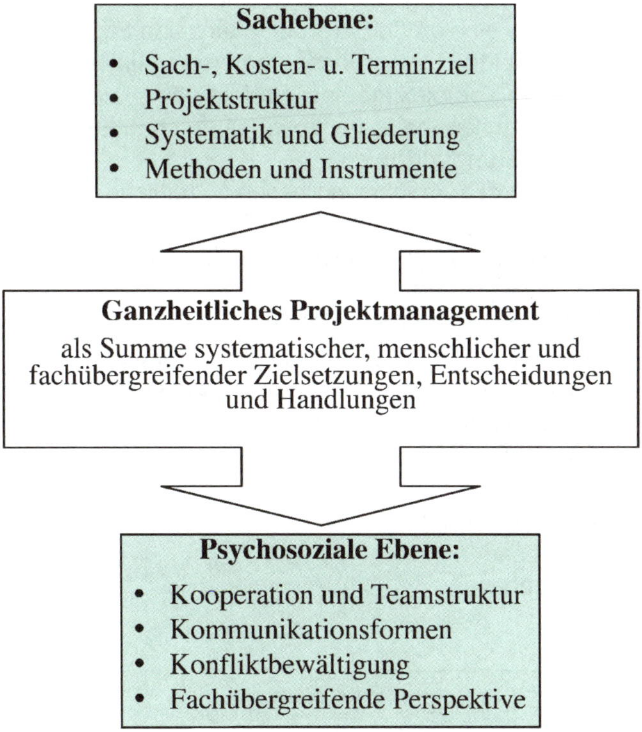

Erst die Kombination von systematisierenden Methoden mit psychosozialen Verfahrensweisen eröffnet eine Herangehensweise für effizientes Arbeiten im Teamprozess. Und eben dieses Prozesshafte im Ganzheitlichen Projektmanagement, sei es der Projektprozess oder der persönliche Kompetenzentwicklungsprozess, gilt es sich von Anfang an bewusst zu machen, um nicht in blinden Aktionismus zu verfallen, wodurch hohe finanzielle, zeitliche und persönliche Risiken eingegangen werden.

Was sind Projektphasen?

Beim Ganzheitlichen Projektmanagement findet das leider häufig zu vernehmende Motto *Der Weg ist das Ziel!* keine Beachtung. Vielmehr bestimmt das Ziel den Weg, und dieser ist in klare Teilstrecken gegliedert. Genauso wie eine große Bergtour in einzelne Etappen aufgeteilt wird, werden Projekte stets in Phasen unterteilt. Als erste Strukturierungshilfe, um die Komplexität einer Projektidee systematisch zu reduzieren und damit handhabbarer sowie überschaubarer zu machen, dienen folgende Grundprinzipien:

1. Strukturierung des Projekts in Phasen (= zeitliche Gliederung)
2. Problemlösungszyklus (= inhaltliche Erarbeitung einer Phase)
3. vom Groben zum Detail (= deduktives Vorgehen)

Strukturierung des Projekts in Phasen

In der neueren wirtschaftswissenschaftlichen Literatur wird der Projektlebenszyklus, also die Laufzeit eines Projekts von Anfang bis zum Ende, in fünf Arbeitsphasen unterteilt:

1. Vorprojektphase
2. Planungsphase
3. Realisierungsphase(n)
4. Abschlussphase
5. Nachprojektphase

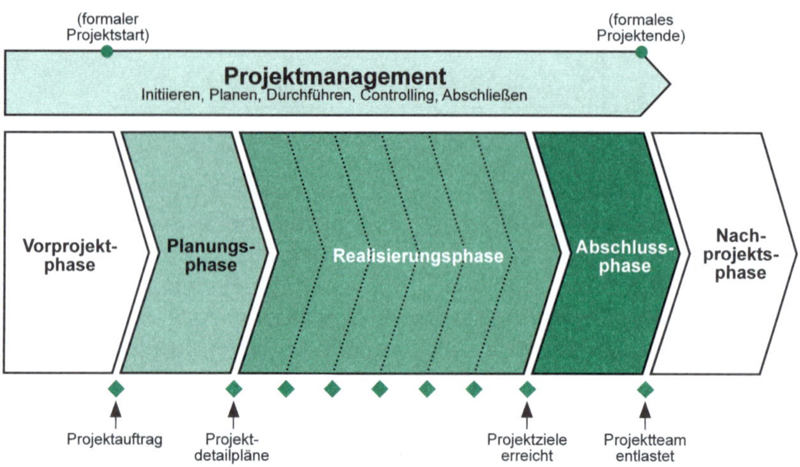

(startup euregio management 2006)

Jede der dargestellten Phasen beinhaltet spezifische Anforderungen, formale Vorgaben und Aufgaben. Erst nach der Erreichung und Bewältigung der Anforderungen ist ein sogenannter Meilenstein erreicht und es kann in die nächste Projektphase eingetreten werden oder es erfolgt eine parallele Erarbeitung. Eine tabellarische Übersicht über die jeweiligen typischen Aufgaben während des Projektlebenszyklus ist am Ende des Kapitels angeführt.

Vom Groben zum Detail

Das in Phasen gegliederte, schrittweise Herantasten an das konkrete Detail ist ein Grundprinzip des Projektmanagements. Hoch motiviert denken viele schon in der Vorprojektphase in Lösungen und versuchen, sofort alles bis ins Detail zu planen. Doch dieser Ansatz, gleich von Anfang an Detailplanungen und Lösungen für alle möglichen Probleme in den einzelnen Projektphasen zu erarbeiten, erweist sich erfahrungsgemäß als nicht zielführend, sehr arbeitsaufwendig und demotivierend, da aufgrund der im Projektverlauf stets auftretenden Veränderungen nicht mehr flexibel reagiert werden kann und eine Aktualisierung der Planung sehr aufwendig ist. Deshalb: die einzelnen Projektphasen Schritt für Schritt abarbeiten. Dazu hat sich der Problemlösungszyklus als hilfreiche Methode erwiesen.

Problemlösungszyklus

Projekte zu bearbeiten heißt, eine Verbindung zwischen dem derzeitigen Istzustand und dem angestrebten Sollzustand zu erreichen. Dabei gibt der Problemlösungszyklus eine schrittweise Abfolge unterschiedlicher Aufgaben vor, die zum angestrebten Ziel führt. Es wiederholt sich dieses strukturierte Vorgehen bei jeder Phase auf das Neue. Die einzelnen Schritte im **Problemlösungszyklus** werden in folgender Abbildung verdeutlicht:

Zur Illustration des Problemlösezyklus dient folgendes Beispiel, in dem in einer neuen Projektgruppe Kommunikationsregeln erarbeitet werden:

1. Zur Eröffnung des Projekts EASE zeigte sich bereits nach Abschluss von „TransKigs“ (www.TransKigs NRW.de) ein deutlicher Bedarf, weitere Projekte durchzuführen, damit die Implementierung der Kooperation Kita –Grundschule gelingt.
2. Eine Orientierung bzw. Weiterentwicklung war sinnvoll, aber auch eine Erweiterung der Ziele hinsichtlich der Programme über die Sprachstandserhebung hinaus und der Einbeziehung aller am Transitionsprozess Beteiligten. Ebenso waren die Vorgaben des Projekts, der Schwerpunkt „Early Literacy“ zu beachten.
3. Orientiert an den transnationalenLeitzielen erwies es sich als wertvoll, eigene Konzeptionen zu entwickeln und zu verfolgen, da auf der nationalen Ebene die jeweiligen Bedingungen der Ausbildungsstätten, im Beispiel das Erzbischöfliche Berufskolleg, Köln und das Studienseminar, Köln beachtet werden mussten.
4. Die Nationale Koordinatorin Homberg als Lehrerin des beteiligten Erzbischöflichlichen Berufskollegs, Köln konnte in der Vorprojektphase die Ressourcen durch Bekanntheit sehr gut ermitteln und bei der Abstimmung zur Planung berücksichtigen.
5. Die Differenzierung der Zielsetzung gelang gemeinsam in einer gut vorbereiteten Kick-off-Sitzung mit den Kolleginnen des Studienseminars und des Berufskollegs. Die Arbeitsschwerpunkte bildeten die ständige Leitlinie im Prozess des Projektverlaufs.

1.3 Kriterien für erfolgreiches Projektmanagement

Im Rahmen der Qualitätsentwicklung haben Leiterinnen von Kindertageseinrichtungen längst erfahren und erprobt, wie wichtig es ist, die Arbeitsprozesse des Teams aus verschiedenen Perspektiven zu betrachten und zu bewerten. Die Zielformulierung einer Projektidee zeigt daher bereits Erfolgskriterien aus drei Perspektiven auf:

„Die **Unternehmenssicht** bewertet ein Projekt als erfolgreich, wenn das vorgegebene Projektziel im geplanten Zeit- und Ressourcenrahmen erreicht ist.

Die Dienstleistung eines Non-Profit-Unternehmens erweist sich aus **Kundensicht** als erfolgreich oder gelungen, wenn die Probleme der Kunden einbezogen und bestmöglich gelöst werden durch die Projektziele.

Aus Sicht der **Projektbeteiligten** ist das Projekt erfolgreich, wenn persönliche Interessen, Karriereziele, gute Zusammenarbeit im Team und mit der Leitung und die Projektziele gemeinsam wirksam werden“ (Schmitt et al. 2002).

In Kita und OGS ist natürlich die Orientierung an den Kunden, also an Eltern und Kindern, aber auch an Ansprüchen der abnehmenden Schulen hinsichtlich ganzheitlicher Betrachtung von größter Bedeutung. Sind die Kunden zufrieden, kommen oftmals die Anmeldungen automatisch, da es sich um eine regionale Akquise handelt, und die Zusammenarbeit ist gesichert.

Das wiederum bedeutet Sicherheit und Perspektive für die Mitarbeiterinnen.

Projekte sind komplex, und ihre korrekte Abwicklung stellt hohe Ansprüche an ein Kita-Team. „So ist eine gut funktionierende Organisation ebenso wichtig wie vernünftige Methoden zur Koordination und Kooperation. Folgende Gründe sprechen für die Einführung von Projektmanagement:

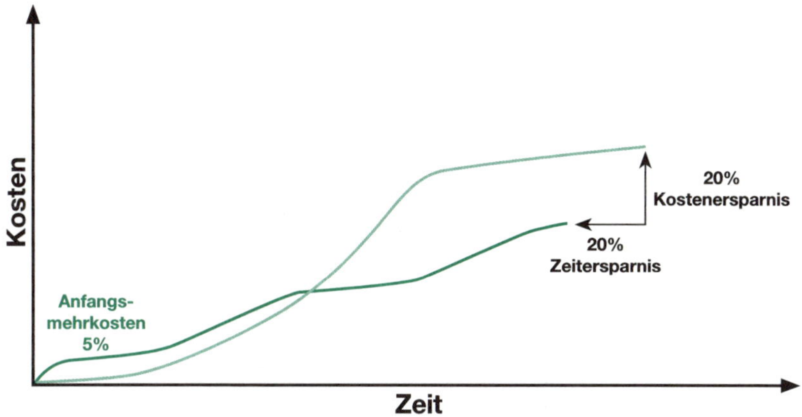

Grafik: Kosten- und Zeitersparnis

1. Kosten- und Zeitersparnis. Schon bei einem anfänglichen Mehrkostenaufwand von ca. 5 % erreicht man einen Kosten- und Zeitvorteil von etwa 20 % gegenüber einer Durchführung ohne Projektmanagement.
2. Klare Kontrollmöglichkeiten bezüglich Ergebnissen, Terminen, Kosten und Produktivität. Damit wird die Verbesserung der Effizienz, Transparenz und Koordination aller Vorhaben erreicht.
3. Die Verbesserung der Fachbereichs übergreifenden Zusammenarbeit. Dies führt zu einer effizienteren Nutzung von Ressourcen und Energien, bedingt durch hohe Motivation und verbesserten Informationsaustausch.
4. Eine konsequente Ausrichtung der vorhandenen Ressourcen. Diese Ausrichtung auf die Projektziele fördert gleichzeitig die Ausrichtung auf die Unternehmensziele.
5. Eine Förderung der Selbstorganisation, der Selbstkontrolle und der Eigenverantwortlichkeit von Mitarbeiterinnen. Diese Fähigkeiten werden auch automatisch in den Linienalltag (sprich Führungsalltag; d. V.) mit übernommen.
6. Projektmanagement als Basis für die Personalauswahl und für Entwicklung zukünftiger Führungskräfte“ (Schmitt et al. 2000).

„Arbeiten Sie intelligenter, nicht härter!" (Jules Stauber)

In diesem ersten Kapitel ist ein knapper Einblick in die Methode des Ganzheitlichen Projektmanagements gegeben, wobei folgende zusammenfassende Ergebnisse festgehalten werden:

1. Ein Projekt entspricht genauen Kriterien.
2. Ganzheitliches Projektmanagement verbindet die Sachebene mit der psychosozialen Interaktions- und Kommunikationsebene und legt besonderen Wert auf die Integration von Personen aus dem weiteren Projektumfeld.
3. Ein Projekt gliedert sich in fünf Phasen. Das Prinzip „Vom Groben zum Detail" wird in jeder Phase deutlich.
4. Die konsequente Anwendung dieser Methode stellt einen Zugewinn für das Unternehmen, die Mitarbeiterinnen und die Kunden dar.

Die auf der nächsten Seite angeführte Übersicht über die Aufgaben und Gefahren während der fünf Projektphasen bzw. über den Projektlebenszyklus zeigt auf, was in den nächsten Kapiteln, die je eine Projektphase herausgreifen, vertieft wird.

Projektlebenszyklus und Aufgaben im Überblick

	Vorprojektphase	Planungsphase	Realisierungsphase(n)	Abschlussphase	Nachprojektphase
Meilensteine (Stop-or-Go)	Projektauftrag unterzeichnet	Projektdetailpläne erstellt	Projektziele erreicht	• Projektorganisation aufgelöst	
Projektmanagement Aufgaben	• Bildung Kernteams • Situationsanalyse • Umfeldanalyse • Projektzielsetzung • Risikoanalyse • Meilenstein-grobplanung • Aufwands- u. Kosten-schätzung • Projektauftrag	• Risikoanalyse u. -management • Meilensteinplanung (inkl. Personaleinsatz-plan) • Aufgabenplanung (Projektstrukturplan) • Projektablaufplan (Balkendiagramm) • Kostenplan • Kommunikationsplan	• Information u. Kommunikation • Controlling • Dokumentation	• Evaluierung u. Reflexion • Projektabschluss-bericht • Auflösung der Projekt-organisation	• Operative Nutzung der Projektergebnisse • Implementierung der Ergebnisse in die Organisation oder Verwerfung • Eventuelle Beschließung von Folgeprojekten oder der Weiterentwicklung der Ergebnisse
Dokumentation	• Projektgrobplanung • Protokolle • Projektauftrag	• Projektdetailpläne • Protokolle	• Protokolle • Projektstatusberichte • Änderungsanträge	• Protokolle • Projektabschluss-bericht/ Projekthandbuch	• Ideensammlung • Bedarfserhebung
Sitzungen	• Vorbesprechungen • Workshops (z. B. externe Referenten; Beratung)	• Kick-Off-Sitzung • Planungssitzungen • Workshops (z. B. externe Referenten; Beratung)	• Arbeitssitzungen • Projektsitzungen mit Auftraggeber und/oder Lenkungsausschuss • Externe Beratung	• Projektabschluss-sitzung(en) • Präsentation(en)	• Auswertung der bisherigen Dokumentation • Beobachtung
Gefahren	• Keine projektwürdige Aufgabenstellung • Unklare Ausgangssituation • Zu optimistische Annahmen • Mangelhafte Einbindung anderer Verantwortlicher • Mangelhafte Projektabgrenzung	• Keine Einbindung der Teammitglieder in die Detailplanung • Unzureichende Planungstiefe • Keine klare Zuordnung von Verantwortlichkeiten • Keine Berücksichtigung wesentlicher Projektrisiken • Keine ausreichende Dokumentation der Planungsergebnisse	• Überlastung der Projektleiterin mit operativen Aufgaben • Unzureichende Projektkommunikation (intern u. extern) • Keine Anpassung der Projektplanung bei wesentlichen Änderungen • Oberflächliches Projektcontrolling • Mangelhafte Dokumentation des Projektverlaufs	• Ungenügende Reflexion u. Evaluierung des Projektverlaufs • Zu umfangreicher (unleserlicher) Projektab-schlussbericht • Kein offizielles Projektende • Keine offizielle Entlastung des Projektteams	• Keine definierten Verantwortlichkeiten für Umsetzungsarbeiten • Belastung des Projektteams mit Umsetzungsarbeiten (ohne offiziellen Auftrag oder Freistellung von der Alltagstätigkeit) • Verspätete oder keine Durchführung notwendiger Folgeprojekte

2

Vorprojektphase

2 Vorprojektphase

In der Vorprojektphase werden die Projektvorhaben bzw. die Projektidee in der Kita überprüft und sicher in die Planung überführt oder verworfen. Dazu bedarf es des strukturierten Vorgehens durch die Projektleiterin:

Kontextklärung und Risikoanalyse der Projektidee, Projektteambildung und Teammotivation, Zielüberlegung und Zielüberprüfung und Auftrag.

„Menschen mit einer neuen Idee gelten so lange als Spinner, bis sich die Sache durchgesetzt hat." (Mark Twain)

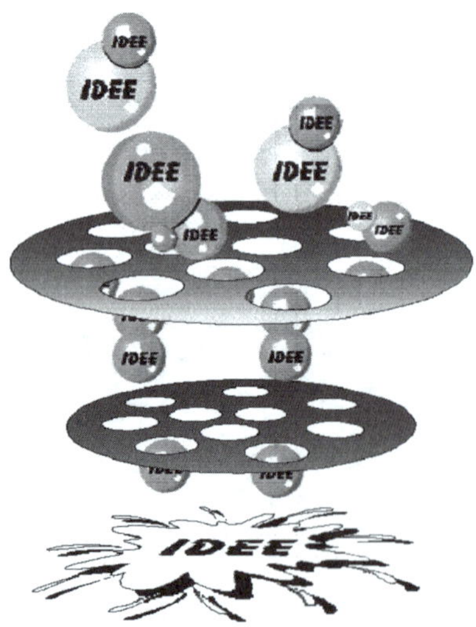

(Schmitt et al. 2002)

2.1 Kontextklärung, Situations- und Risikoanalyse

Aus der Vorprojektphase entsteht also nicht immer eine Projektdurchführung/Projektrealisierung: Vielmehr ist zu beachten, dass es zunächst darum geht, das richtige Projekt zu machen, und erst an zweiter Stelle darum, das Projekt richtig zu machen.

Man kann es sich nicht leisten, Risiken zu ignorieren, da alle Probleme, die im Projektverlauf entstehen, auf unbeachteten Risiken beruhen.

Drei Risikotypen sind zu unterscheiden:

1. **Institutionsrisiken** haben Einfluss auf gegenwärtige oder zukünftige Unternehmensaktivitäten;
2. **Projektrisiken** betreffen den methodisch-technischen Aspekt des Projekts, etwa Strukturplanung und Steuerung;
3. **Prozessrisiken** stehen im Zusammenhang mit den Prozessen und Prozeduren, die zur Anwendung kommen, um das Projekt abzuwickeln, aber auch mit dem Zusammenwirken der Beteiligten.

Es sollten alle Risiken überprüft werden und entsprechende Maßnahmen zur regelmäßigen Risikokontrolle entwickelt sein, bevor das Projekt beginnt.

Die Risikoanalyse dient dazu, Faktoren, die eine Gefahr für den Projekterfolg darstellen, zu identifizieren, zu bewerten und entsprechende Gegenmaßnahmen einzuleiten. Typische Risiken sind: Ausfall von wichtigen Mitarbeiterinnen durch Krankheit, Terminabsagen oder Verschiebungen, zu optimistische Planung (Verzicht auf Zeitpuffer) und Konflikte im Projektteam. Größere Risikofaktoren sollten beseitigt werden, bevor das Projekt beginnt. Die meisten Risiken leiten sich allerdings aus ungenauen Zielformulierungen ab.

Jedes Projekt beruht auf Zukunftsbedarfen der Kita/OGS bzw. der Zielgruppe, des Trägers, und jedes Projekt hat Auswirkungen auf verschiedene Bereiche des Unternehmens! Daher ist es wichtig, sowohl die fördernden als auch die hemmenden Kräfte deutlich zu analysieren und zu bewerten.

Manche Projekte werden nicht zu Ende geführt oder bleiben erfolglos, weil die negativen Kräfte ignoriert wurden und das Unmögliche möglich gemacht werden sollte.

Vielleicht ist die Projektidee durchaus sinnvoll, jedoch zum geplanten Zeitpunkt nicht das Wichtigste. Überprüfung von Priorität und Timing sind primär entscheidend.

Die Projektleitung steht in Überzeugungspflicht, wenn die Mitarbeiterinnen begeistert sein sollen. Nur mit Begeisterung und Überzeugung entsteht Motivation zur Mitarbeit im Projektteam. Für die Entscheidungsfindung der Beteiligten an Projekten ist daher die Kontextklärung von vorrangiger Bedeutung.

Das Analyseinstrument **Kontextklärung** kommt aus der systemischen Beratung und versucht, eine Idee, eine Frage, ein Problem, ein Projekt eben systematisch im komplexen Zusammenhang zu klären, also Komplexität zu reduzieren.

Es handelt sich um eine Art Situationsanalyse, eine Um- und Inweltanalyse, wo Macht- und Interessenfelder, in denen das Projekt steht, deutlich werden.

„Ausgangspunkt aller Systembetrachtung ist das Erfassen, Verstehen und Ordnen der in einem System bestehenden Beziehungen“ (Boy et al. 2003, 24).

„Sinn und Zweck dieses Arbeitsschrittes ist das Aufdecken von Hintergründen durch Bildung von Ursache-Wirkungsketten und eine eventuelle Revision der Zielformulierung anhand der gesammelten Fakten. Darunter fallen auch Dinge wie die Klärung von Chancen, Risiken und Bedürfnissen, sowie eine Begrenzung des Gestaltungsspielraums und die Klärung von Randbedingungen“ (Schmitt et al. 2000, 36).

Besonders in der Vorprojektphase ist es unabdinglich, sich über die verschiedenen Wirkungszusammenhänge Klarheit zu verschaffen, wozu die unten aufgeführten Fragen eine Hilfestellung sind.

Im Gespräch zwischen Projektleitung und Auftraggeber (siehe Projektauftrag und Rollen) findet die Kontextklärung statt.

Folgende beispielhafte Fragen sind entsprechend der Projektthematik mit zu berücksichtigen.

1. Klärung des Macht- und Interessenfeldes, in dem das Projekt steht: Wie ist die Idee entstanden?; wer ist dafür, wer dagegen?; wer entscheidet über Erfolg und Misserfolg?; welche Folgen kann das Projekt positiv wie negativ haben?
2. Gibt es Interessengruppen (Stakeholder), die nicht unmittelbar zum Projektumfeld gehören, aber je nach Grad der Betroffenheit Einfluss auf die Zielerreichung haben können (Bürger, Politiker, Behörden, Interessenverbände, Eltern)?
3. Aktuelle Benennung des zu behandelnden Problems (Fokussierung auf beobachtbares Verhalten, nicht auf Etiketten wie: Mangel an Durchsetzung usw.)?
4. Klärung des Problems: Ursachen-Wirkungszusammenhänge?; Sündenbocktheorie?; Strategie- und Strukturprobleme?; Defizite?
5. Bisherige Lösungsversuche? Warum waren diese nicht erfolgreich? Was war daran sinnvoll?
6. Fokussierung auf Situationen, in denen das Problem nicht auftritt: Was wäre zu tun, damit das Problem sich nicht verschlimmert? Was kann durch das Projekt schlimmstenfalls passieren?
7. Positive Funktion des Problems im System: Exploration aufrechterhaltender Bedingungen?
8. Hypothetische Zukunftsfragen: motivierende Perspektiven; „Wunderfrage“: Angenommen, das Problem wäre morgen beseitigt?

(vgl. KGSt-Bericht 1998)

Auch bei der Analyse der Einzelaspekte zur transparenten Strukturierung ist das Denken in komplexen Zusammenhängen – ganzheitliches Denken also – zur Bestimmung der Projektziele entscheidend.

Insbesondere im sozialen Kontext ist die Ganzheitliche Betrachtungsweise von Bedeutung, da sich Kunden-, Mitarbeiterinnen- und Ergebnisorientierungen in Interaktionsprozessen vernetzen und gleichsam nach innen und außen wirksam werden.

2.2 Projektteambildung

„Da man den Umgang in menschlichen Beziehungen allein nicht üben kann, brauche ich Gruppen, um zu lernen und zu sehen, was in mir und in dem anderen vor sich geht."

(Ruth Cohn)

Die Zusammensetzung des Projektteams ist eine besonders erfolgsrelevante Größe und bedarf daher entsprechender Aufmerksamkeit.

Wir konzentrieren uns hier auf das Projektteam einer sozialen Institution, das speziell für das Projekt ausgewählt ist, obwohl praxisüblich alle Mitarbeiterinnen an einem Projekt arbeiten; hier wird aufgezeigt, dass eine Projektleitung sich das Team ressourcenorientiert zusammenstellt und somit bereits die Notwendigkeit des Delegierens deutlich macht.

Es korrelieren Leitungsverhalten und -kompetenzen mit gruppenrelevanten Fähigkeiten und Konstellationen dann besonders stark, wenn die Projektleitung selbst aus der Reihe der Mitarbeiterinnen hervorgehen kann, also nicht grundsätzlich eine übergeordnete Funktion hat.

Ist die Projektleitung nicht die Kita/OGS-Leitung, so erweist es sich als sinnvoll, die Leitung mit der Mentorenfunktion ins Projektmanagement einzubinden, soweit sie nicht sowieso Projektauftraggeberin ist, um diverse Prozesse zu verkürzen und zu erleichtern.

Wesentlich für den Erfolg eines Projektteams ist seine interdisziplinäre Zusammensetzung. Daher sollte es nicht aus möglichst vielen gleichen Persönlichkeiten und Kompetenzen bestehen, also nicht mehr vom selben, sondern mehr vom anderen.
Es zeigt sich häufig, dass Menschen sich intuitiv oder/und bewusst auf die Bereiche konzentrieren und einlassen, in denen sie besonders leistungsstark und interessiert sind.

Der **KGST-Bericht** benennt den **„Team-Prozess-Zyklus"**, der vier Kompetenzbereiche beschreibt: Organisator, Controller, Abenteurer und Berater.

Diese vier Kernbereiche rahmen weitere, verwandte Bereiche ein, die zur Orientierung hilfreich sind:

- **Organisatoren** entwickeln, strukturieren, verhandeln;
- **Controller** analysieren, terminieren, prüfen;
- **Abenteurer** begeistern, sind kreativ, fördern;
- **Berater** stabilisieren, hinterfragen, sammeln Informationen.

Nicht die genaue Zuordnung ist für dieses Modell entscheidend, sondern das Bewusstsein, dass Stärken und Schwächen unterschiedlicher Personen einen wichtigen Teil zur Teamleistung beitragen (vgl. KGSt-Bericht, 1998).

Ein weiteres Hilfsmittel ist die Checkliste zur Bildung des Projektteams:

Was	**Name der Person**
Wer ist wo fachlich fit?	
Wer hat die entsprechende Berufserfahrung?	
Wer hat die entsprechende Ausbildung?	
Wer kennt die Projektmanagementmethoden und weiß, wie sie eingesetzt werden?	
Wer ist konfliktfähig?	
Wer ist teamfähig?	
Wer hat die Fähigkeit zum Führen?	
Wer verfügt über Entscheidungskompetenzen?	

(vgl. Peipe 2003)

Teambildung im Projekt EASE am Erzbischöflichen Berufskolleg Köln, hier mit dem Fokus auf die Studierenden/Projektleitungen in der Praxis Kita/Schule aufgezeigt:
Die Konzeption war so angelegt, dass jeweils eine Berufspraktikantin (BP) mit einer Lehramtsanwärterin (LAA) des Studienseminars Köln ein Projekttandem bildete. Das bedeutete, dass die BP in einer Kita arbeitete, die die Kinder an eine Schule/OGS abgab, die eine LAA im Kollegium hatte.
Beide Studierende wählten das Projekt als zusätzliche Leistung (Zertifizierung) und kommunizierten die Projektidee im jeweiligen Kollegium/Team zur Sicherung des Projektauftrags.
Die Konzeptidee der Tandembildung war besonders geeignet, das Projekt in die Implementierung zu führen, doch es erwies sich schnell als unflexibel, die Bewerberinnen zuzuordnen, da sie ihre Arbeitsfelder bereits sicher vertraglich festgelegt hatten. So wurden neben den konkreten Tandembildungen regionale Arbeitsteams zusammengestellt, um insbesondere den Dialog zwischen Erzieherinnen (BP und ihre Teams in der Kita) und Lehrerinnen (LAA und ihre Kollegien in der Schule) zu gewährleisten.
Die Teambildung im Projekt EASE erwies sich für die Projektleiterinnen BP und LAA als sehr komplexe und hohe Erwartung, was die Koordinationshilfe durch die Autorin erforderlich machte.
Die Kommunikation im Team mit regionalen Projektpartnerinnen und in der Praxis mit Kolleginnen und Eltern sowie dem Träger war von den BP und LAA zu sichern.
Weitere koordinierte Teams werden im o.g. Organigramm und später im Kommunikationsplan deutlich.

Wenn hingegen Projektteams stark nach persönlichen Sympathien gebildet werden, sollte es in der Vorprojektphase bereits ein vordergründiges Anliegen sein, eine Gruppenanalyse vorzunehmen, um Kompetenzen und Schwächen zu klären und im Verlauf zu berücksichtigen.

Ein Team ist zwar eine Gruppe, aber nicht jede Gruppe ist ein Team.

Das *Projektteam* zeichnet sich aus durch die Bereitstellung von Ressourcen (Informationen, Kontakte, Arbeitsmittel, Zeit, Geld u. a.), eindeutige Bedingungen der Teilnahme am Projektverlauf, Verantwortung für den Weg und das Ziel. Eine ausgewogene Projektteambildung (siehe Kompetenzbereiche) speist sich aus einer Selbsteinschätzung einerseits und einer Fremdeinschätzung andererseits.

Grundsätzlich erreichen Teams in einem Projekt oder in einer Organisation weit mehr als isolierte Einzelkämpfer. Dennoch werden Widerstände oft bereits zu Beginn der Teambildung deutlich. Es fällt eben nicht leicht, Verantwortung für die Leistung anderer zu übernehmen oder zu akzeptieren, dass andere für die eigene Leistung Verantwortung übernehmen.

In den meisten Teams orientiert sich die Aufgabenverteilung an der Funktion der Mitglieder (Leitung, Finanzen, Protokoll), dennoch sollten auch die nicht funktionsgebundenen Fähigkeiten Beachtung finden.

Die Team- bzw. Projektleitung ist verantwortlich für die Teamentwicklung. Hier sind die Aufgabenbereiche Delegieren, Kontrollieren und Steuern (Controlling) in demokratischen Prozessen wahrzunehmen.

Schwierigkeiten entstehen leicht, wenn Aufgaben verteilt werden, ohne auf Ressourcen und die gruppendynamische Rolle im Team zu achten, z. B. wenn die Leitungsfunktion einer Person übertragen wird, die in der Gruppe keine Führungsrolle hat. Dann können Machtverhältnisse verdeckt und Energien unnötig gebunden werden. Schwache Leitungspersonen neigen oft zu einem Übermaß an Bürokratie, statt die Inhalte zu sichern.

Daher ist die Kenntnis gruppendynamischer Prozesse und Rollen sowie der Kommunikations- und Konfliktlösungsstrategien zur Reflexion der Teamprozesse von großer Bedeutung.

Gruppenkommunikation ist ungewohnt und schwieriger als Paargespräche. Gruppenarbeit vergrößert zwar die Qualität von Entscheidungen und Ideen, stellt jedoch erheblich höhere Anforderungen an die Beteiligten hinsichtlich Konzentration, Flexibilität und Akzeptanz.

So erweist sich die Kommunikationskompetenz als besonders erfolgsrelevant.

Geeignete Methoden und übersichtliche Strukturen sind hilfreich für Einfluss, Sicherheit und Einsatz aller Beteiligten.

Gegenseitiges Ermutigen und Akzeptieren setzt zunächst eine selbstbewusste Beziehung zu sich selbst und eine Nähe-Distanz-Balance voraus.

Hier bieten sich zur Selbst- und Fremdreflexion Arbeitsvorlagen an, die die Person nicht festlegen sollen, sondern lediglich Orientierungs- und Begriffshilfen darstellen.

Fragebogen zur Analyse persönlicher Arbeitsweisen und zur Erstellung eines Teamprofils (Nöhten 2005)

Vorgehensweise: In jedem Abschnitt des folgenden Fragebogens finden Sie vier Aussagen. Ordnen Sie jeder Aussage eine Zahl von 1 bis 4 zu, je nachdem, wie Sie üblicherweise denken und handeln, wenn Sie im Team eine Aufgabe zu bewältigen haben. Geben Sie der Aussage eine „4“, die Ihnen am meisten entspricht, geben Sie eine „3“ für die Aussage, die Ihnen am zweitmeisten entspricht, eine „2“, für die Aussage, die wenig mit Ihrem Denken und Handeln zu tun hat, und eine „1“ für die Aussage, die Ihnen am wenigsten entspricht. Jedes Gruppenmitglied bearbeitet den Fragebogen für sich allein.

Im Anschluss werden die Teamprofile der Gruppenmitglieder verglichen und unter dem Gesichtspunkt diskutiert, ob die Gruppe in der Zusammensetzung effektiv und effizient zusammenarbeiten kann. Mögliche Leitfragen für die Diskussion: Sind die Rollen doppelt besetzt? Welche Teamprofile fehlen? Welche Auswirkung hat das auf unsere Zusammenarbeit?

Fragebogen:

Fragebogen:			
			Eigene Einschätzung
1.	♣		Ich prüfe gerne die Details.
	♥		Ich kann gut Alternativen erkennen.
	♦		Ich konzentriere mich auf viele Dinge zugleich.
	♠		Ich sehe gerne die Folgen, bevor ich handele.
2.	♥		Ich bevorzuge es, aktiv einbezogen zu sein.
	♣		Ich mache gerne einen Schritt nach dem anderen.
	♠		Ich verwende gerne Ideen, die andere durchdacht haben.
	♦		Ich mag es, Achtung zu bekommen.
3.	♦		Ich fühle mich nicht verpflichtet Traditionen zu folgen.
	♣		Ich mag Dinge, die ausgeglichen und symmetrisch sind.
	♥		Ich mag es, Konzepte zu diskutieren.
	♠		Ich bevorzuge, Neues vor der Einführung im kleinen Rahmen zu testen.
4.	♦		Ich lasse mich von meinen Gefühlen leiten.
	♠		Ich fühle mich unwohl, wenn sich etwas verändert.
	♣		Andere könnten von mir sagen, ich denke nach dem Schema 1., 2., 3., 4., 5.
	♥		Ich kann gut Alternativen ausprobieren.
5.	♣		Ich denke gründlich über etwas nach, bevor ich etwas tue.
	♦		Ich bewege mich von einer Sache zur nächsten.
	♥		Ich konzentriere mich darauf, mit neuen Ideen herauszukommen.
	♠		Ich lasse mich von bewährten Normen und Erfahrungen leiten.
6.	♥		Ich schätze es, Theorien und Grundsätze zu entwickeln.
	♠		Ich bin vorsichtig, wenn neue Wege ausprobiert werden.
	♣		Ich bin gerne da, wo Ordnung herrscht.
	♦		Wenn alles geordnet ist, werde ich unruhig.
7.	♥		Ich kann mir gut den Masterplan vorstellen.
	♠		Ich verändere nicht den Status Quo, den bisherigen Zustand.
	♣		Meine Gedanken konzentrieren sich darauf: Was ich beweisen kann, das ist wahr.
	♦		Andere könnten über mich sagen, ich denke nach dem Schema: 1., 3., 2., Krokodil, 5.
8.	♠		Ich bemühe mich um Übereinstimmung mit anderen.
	♦		Ich werde manchmal ungeduldig.
	♣		Ich folge einem Prozess bei der Lösung von Problemen.
	♥		Ich denke oft über den nächsten Schritt nach.
9.	♣		Ich fühle mich wohl, wenn ich methodisch vorgehe.
	♦		Ich lasse mich von meinen Vorlieben leiten.
	♥		Ich erfasse gut den wesentlichen Gehalt einer Sache.
	♠		Ich überlasse lieber anderen die Führung.
10.	♠		Ich mag es, wenn Sachen zusammenpassen.
	♥		Ich kann gut Dinge analysieren.
	♦		Ich schätze es, respektiert zu werden.
	♣		Ich kann gut Dinge in Ordnung bringen.
11.	♦		Ich handele manchmal impulsiv.
	♠		Zunächst begegne ich neuen Ideen mit Skepsis.
	♣		Am liebsten verbringe ich meine Zeit damit, Ordnung zu schaffen.
	♥		Ich diskutiere gerne über Umsetzungen (Implementationen)
12.	♣		Mein Gedankengang lässt sich gut mit Schritt-für-Schritt beschreiben.
	♥		Ich konzentriere mich mit Vorliebe auf die Zukunft.
	♠		Ich probiere lieber eine bewährte Lösung aus als etwas Unbewiesenes.
	♦		Ich habe gerne Einfluss.

Auswertung des Fragebogens

Summieren Sie die den Symbolen zugeordneten Zahlenwerte auf und übertragen Sie Ihre Auswertung in das Diagramm.

Vergleichen Sie Ihr Profil mit den Profilen Ihrer Teammitglieder. Welche Rollen sind mehrfach besetzt, welche Rollen fehlen? Was ist die Konsequenz für die Teamentwicklung?

Beschreibung der Teamprofile:

Summieren Sie den Symbolen zugeordneten Zahlenwerten auf und übertragen Sie Ihre Auswertung in das Diagramm.
Vergleichen Sie Ihr Profil mit den Profilen Ihrer Teammitglieder. Welche Rollen sind mehrfach besetzt, welche Rollen fehlen? Was ist die Konsequenz für die Teamentwicklung?

Symbol	Summe
♣	
♥	
♠	
♦	

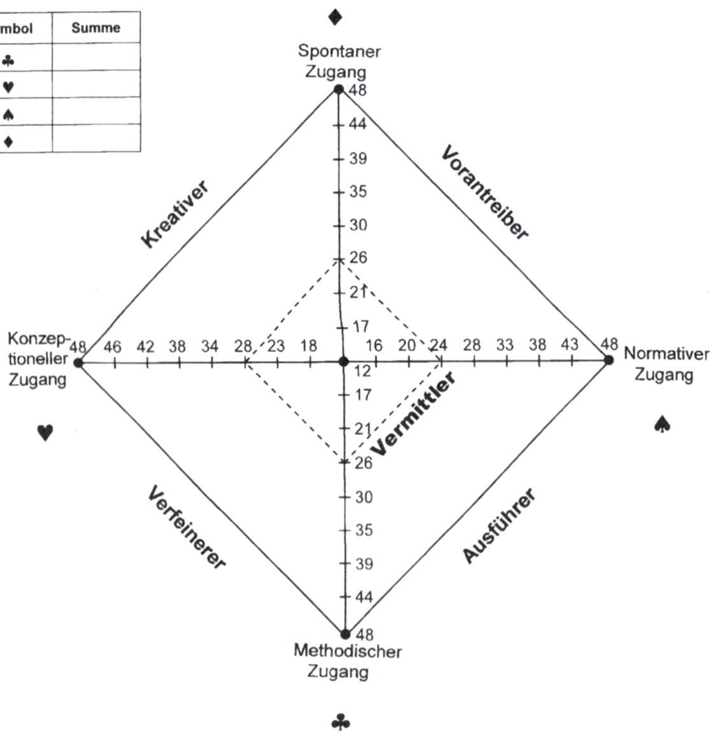

Der Kreative: In dieser Rolle entwickelt eine Person Konzepte und Ideen. Der Kreative betrachtet Probleme unter neuen Gesichtspunkten und schaut nach ungewöhnlichen Lösungen. Originelle Ideen und Konzepte entstehen, die nicht durch Angst vor Fehlern, bestehenden Regeln oder Grenzen eingezwängt sind. Der Kreative schätzt Alternativen und erkennt den großen Wurf.

Der Vorantreiber: In dieser Rolle erkennt eine Person Ideen und neue Wege in einem frühen Stadium und entwickelt Wege zu deren Förderung. Der Vorantreiber geht planvoll vor, verwendet frühere Erfahrungen und erfolgreiche Methoden, damit Ideen zur Implementation (Umsetzung) vorangebracht werden. Er bevorzugt vertraute Ideen, lässt sich aber nicht durch Regeln und Grenzen entmutigen. Sein Vorgehen ist davon geprägt, mit den direktesten und effektivsten Mitteln Ergebnisse zu erzielen. Ideen werden, nachdem sie mit Strukturen für die Implementation versehen worden sind, an den Verfeinerer weitergegeben.

Der Vermittler: In dieser Rolle werden die Beiträge der Teammitglieder gesteuert und der Prozess in die richtige Richtung in Bewegung gehalten. Der Vermittler managt den Teamprozess und stellt sicher, dass die Übergabe von Aufgaben zwischen Teammitgliedern zum angemessenen Zeitpunkt im Prozess stattfinden. Der Vermittler überdenkt die Produktivität des Teams und die Frage, wie Aufgaben von einem Teammitglied an das Nächste übergeben werden.

Der Verfeinerer: In dieser Rolle werden Konzepte in Frage gestellt. Der Verfeinerer analysiert methodisch und geordnet in Diskussionen in dem Bemühen, Fehler und potenzielle Probleme zu entdecken. Der Verfeinerer kann gut Ideen und Umsetzungspläne überprüfen, modifizieren oder neue Ideen entwickeln, damit eine erfolgreiche Implementation sichergestellt ist. Ideen und Pläne können von hier aus zurück an den Kreativen oder Vorantreiber gegeben werden, bevor sie fertig sind für die Implementation durch den Ausführer.

Der Ausführer: In dieser Rolle werden die Teamziele verfolgt und Ideen und Lösungen umgesetzt. Der Ausführer stellt sicher, dass der Implementationsprozess ordentlich vorankommt auf der Grundlage eines gut durchdachten Implementationsplans. Der Ausführer strebt

Ergebnisse mit hoher Qualität bis ins Detail an. Er überlässt anderen die Führung und begeistert sich für die Aufgabe und Verantwortung der endgültigen Implementation.

Beschreibung persönlicher Arbeitsweisen:

Konzeptioneller Zugang zu Aufgabenstellungen: Eine Person mit dieser Arbeitsweise ist dadurch gekennzeichnet, dass sie gerne mit neuen Ideen kommt. Wird sie mit einem Problem oder einer Fragestellung konfrontiert, erforscht sie Alternativen und erörtert Konzepte. Sie hat die Übersicht über das Ganze vor Augen und konzentriert sich auf die Zukunft. Sie entwickelt Theorien, Prinzipien, Ideen und erkennt und anerkennt Alternativen.

Spontaner Zugang zu Aufgabenstellungen: Eine Person mit dieser Arbeitsweise wünscht sich Freiheit von Zwängen. Sie neigt dazu, von einem Gegenstand zum nächsten zu springen, sich auf viele Dinge zugleich zu konzentrieren und ist manchmal ungeduldig. Sie mag es, Respekt und Einfluss zu haben. Sie fühlt sich nicht verpflichtet, Traditionen zu folgen; sie lässt sich bei Entscheidungen von ihrem Gefühl leiten.

Normativer Zugang zu Aufgabenstellungen: Eine Person mit dieser Arbeitsweise bevorzugt es, Ideen in einen vertrauten Kontext einzubetten, verlässt sich auf frühere Erfahrungen mit ähnlichen Situationen und lässt sich davon leiten. Sie möchte die Konsequenzen von Aktionen kennen, bevor sie handelt. Sie überlässt gerne anderen die Führung und passt sich anderen ein.

Methodischer Zugang zu Aufgabenstellungen: Eine Person mit dieser Arbeitsweise bevorzugt Ordnung und Rationalität. Wird sie mit einem Problem oder einer Fragestellung konfrontiert, neigt sie dazu, Schritt für Schritt vorzugehen, Details zu prüfen und Dinge sorgfältig zu bedenken, bevor sie handelt. Da es ihr darauf ankommt, dass das, was sie macht, richtig ist, bringt sie Dinge gut in eine Ordnung und sie mag es, wenn Dinge zusammenpassen.

Unnötigen persönlichen und Gruppenbelastungen ist hier im Vorfeld zu begegnen, was auch bedeuten kann, bei mangelnder Sachkenntnis zur Auswertung auf derartige Checklisten zu verzichten und stattdessen fachkundigen Rat hinzuzuziehen.

Klarheit über Ziele und Erfolge, die persönliche Vorbereitung und ein Lösung orientiertes Konfliktbewusstsein und -verhalten tragen also entscheidend zum Erfolg der Teamarbeit und somit des Projektes bei.

Umso wichtiger kann es sein, sich einer Beratung, einer Supervision oder einem Coaching im Projektverlauf zu unterziehen, um die Teamentwicklung voranzutreiben, statt sie durch Konflikte oder Konfliktvermeidungsverhalten zu unterbinden.

Seit den 70er-Jahren sind Gruppenarbeit und Teamarbeit regelrecht inflationäre Begriffe in der Sozialpädagogik. Zahlreiche Untersuchungen haben immer wieder bestätigt, dass in der Gruppe bessere Leistungen erzielt werden als bei gar besonders kompetent geltenden Einzelnen.

Für diese Überzeugung sprechen folgende Gründe:
- In einer Gruppe ist der Kreis von Ideen, das Spektrum von Ansichten breiter, es kann aus einer größeren Vielfalt von Möglichkeiten eine Auswahl getroffen werden.
- Die Diskussion in einer Gruppe bringt Klarheit, weil jeder sich genauer ausdrücken und sorgfältiger formulieren muss, als wenn er mit seinen Gedanken allein ist. Wenn den anderen klar zu machen ist, was gemeint ist, kann man es nicht bei unbestimmten Ideen und Vorstellungen bewenden lassen.
- Ein Einzelner verrennt sich leichter in einer Sackgasse, sucht eine Lösung nur in einer bestimmten Richtung und kann auch naheliegende andere Möglichkeiten übersehen.
- Die Gruppe schafft Ausgleich, da Beiträge anderer eher überprüft werden als eigene.

Die wunderbaren Erfolge einer Gruppenarbeit sollen den Blick jedoch nicht verschließen vor ebenso häufigen Problemen. So können durch das größere Bedürfnis nach Übereinstimmung statt dem Wunsch nach der besten Lösung die Ergebnisse durchaus auf den „kleinsten gemeinsamen Nenner“ ausgerichtet sein oder hohe Fehlerquoten aufweisen, da Einzelne ihrem „anderen“ Urteil plötzlich gegenüber der Mehrheit nicht mehr trauen und sich dann zurücknehmen.

Immer wieder kommt es vor, dass „Gruppenführerinnen“ ihre Meinung durchsetzen aus ihrer gruppendynamischen Rolle heraus, d. h., die Gruppenmitglieder unterwerfen sich oft, ohne die Meinung kritisch zu überprüfen und zu diskutieren.

Ebenso kann ein Gruppenergebnis enttäuschend sein, wenn sich nicht alle wirklich verantwortlich fühlen. Insbesondere in der Projektzielbestimmung ist das „Wirgefühl“ entscheidend wichtig für Erfolg.

Weitere Killer guter Gruppenergebnisse sind mangelnde Motivation und Disziplin sowie Rivalitäten Einzelner untereinander. Daher ist die Projektteambildung ein entscheidender Abschnitt im Projekt.

Einige zusammenfassende Erwartungen an die Teammitglieder

Alle sollten

- in einer Gruppe arbeiten wollen und die Grundfähigkeit zum Umgang mit anderen Menschen haben;
- das Methodenwissen im Projektmanagement bereits in der Vorprojektphase anwenden;
- auf die richtige Teamgröße (3–6) bedacht sein;
- Ausgewogenheit von Fähigkeiten und Wissen berücksichtigen, damit alle ihren Beitrag leisten können;
- die Wechselwirkung für die Gruppe sowohl motivierter wie nicht fähiger Teammitarbeiter berücksichtigen;
- die Projektziele akzeptieren;
- das Wir-Gefühl im Projekt dem Selbstverständnis des Einzelnen voranstellen;
- Respekt und Vertrauen zur Arbeitsbasis erklären;
- eindeutige Zuständigkeiten als Element der Spielregeln im Team achten;
- bei wichtigen Entscheidungen Einstimmigkeit erzielen, insbesondere nach außen;
- „Aktives Zuhören“ als Methode nutzen;
- Kritik konstruktiv äußern und nicht die Person, sondern die Sache zum Gegenstand machen;
- umfassende Kommunikation zur Transparenz und zum gleichen Informationsstand nutzen;
- ihre Einzelaktivitäten in der Gruppe bekannt machen;

- sich auf die Projektsitzungen gleichermaßen vorbereiten;
- auf Rollenklärungen bei jeder Sitzung bedacht sein;
- bei Problemen nicht nach Schuld suchen, sondern nach Lösungen;
- Konflikte früh bearbeiten und zu konstruktiven Lösungen führen;
- sich gruppenpädagogische Kenntnisse aneignen, um idealtypische Phasen zu erkennen (vgl. Schelle 2001).

Übersicht: Teamuhr

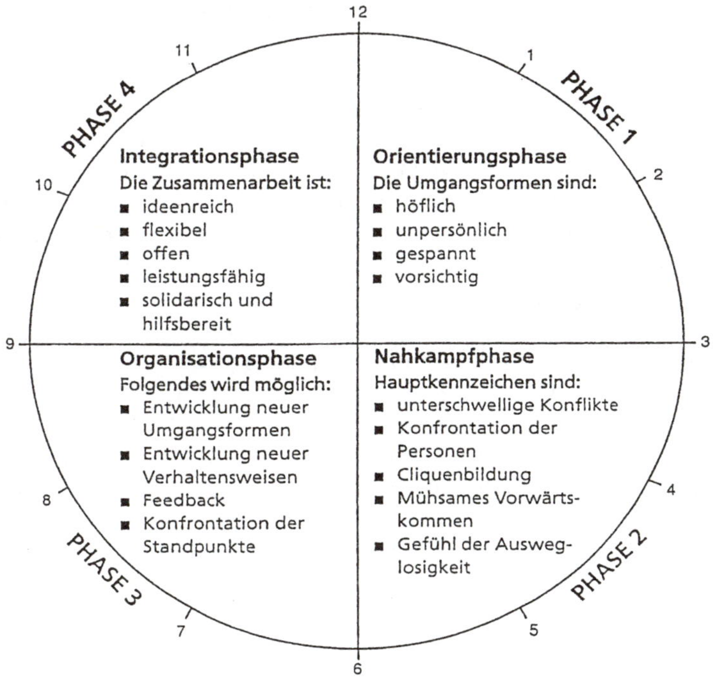

Quelle: Dave Francis und Don Young, 1996

1. Forming-Phase (Orientierungsphase)
In dieser Phase entsteht das Team. Die Mitglieder kommen mit bestimmten Erwartungen und sind auf der Suche nach ihrer Rolle innerhalb des Teams. Man beschnuppert sich gegenseitig und verhält sich vorsichtig. Auf der Sachebene werden erste Informationen gesammelt und gemeinsame Ziele formuliert.

2. Storming-Phase (Nahkampfphase)
Dies ist die wichtigste Phase der Teamentwicklung. Teams, die in dieser Phase nicht einen allgemeinen Grundkonsens finden, werden scheitern. In dieser Phase wird um Machtpositionen gekämpft, Meinungen werden strikt vertreten und persönliche Differenzen, aber auch Stärken der Teammitglieder untereinander deutlich. Dazu kommt, dass die eingesetzten Methoden und die Teamleitung diskutiert oder gar angegriffen werden. Am Ende dieser Phase sollten Aufgabenrollen und der Konsens hinsichtlich der Aufgabenbewältigung sowie der Zielsetzung stehen.

3. Norming-Phase (Organisationsphase)
Die Wogen im Team haben sich geglättet, Verhaltensnormen werden deklariert und es ist ein Wirgefühl entstanden. Jetzt beginnt die eigentliche Arbeit im Team. Gedanken, Daten und Ideen werden offen ausgetauscht und bewertet. Auftretende Konflikte sollten aber auch in dieser Phase thematisiert werden, da sonst die Arbeit langfristig ins Stocken kommen könnte.

4. Performing-Phase (Integrationsphase)
In dieser Phase sind Spitzenleistungen möglich. Die Gruppe steuert sich überwiegend selbstständig. Konflikte und andere Probleme werden in Feedbacksitzungen diskutiert und in der Regel auch gelöst. Gerade in dieser Situation bietet es sich an, den offenen Austausch durch motivierende und perspektivische Feedbackgespräche zu intensivieren, wozu der weiter unten angeführte *Bogen zur Fremdwahrnehmung durch die Teammitglieder und die Feedbackregeln nach Ruth Cohn* bewährte Hilfe bieten.

Die dargestellten Phasen sind idealtypischer Natur. So kann die Reihenfolge durch eventuelle Rückschläge des Teams verändert werden. Oder manche Phasen laufen fast gleichzeitig ab.

Quelle: Francis und Young, 1996

Fremdwahrnehmung durch die Teammitglieder					
Die Einschätzung der eigenen Fähigkeiten beruht zumeist auf der Anerkennung durch andere, die ein Feedback über erbrachte Leistungen/persönliche Eigenschaften geben. Erst durch diesen offenen Austausch ist es möglich, Orientierung zu gewinnen, die Grundvoraussetzung für bewusste Weiterentwicklung. Wenden Sie diesen Bogen in Zweiergruppen an, füllen Sie Ihn in aller Ruhe aus und notieren Sie Anmerkungen. Im Anschluss können Sie anhand dieser Reflexionshilfe in ein offenes Gespräch treten und die eigenen Wahrnehmungen austauschen, denn Persönlichkeitsentwicklung ist der Austausch von Wahrnehmung. Dieser Bogen ist eine Reflexionshilfe, kein Bewertungsinstrument und findet i. d. R. in vertrauten Arbeitsteams lediglich in Konfliktsituationen Anwendung.					
Teamarbeit					
weniger – mehr					
❑	❑	❑	❑	Kooperationsfähigkeit	
❑	❑	❑	❑	Kommunikationsfähigkeit	
❑	❑	❑	❑	Fähigkeit, Dissonanzen zu überwinden	

Methodeneinsatz					
❑	❑	❑	❑	Fähigkeit zu planen (Zeitplan, Orgaplan etc.)	
❑	❑	❑	❑	Pläne bewerten und revidieren	
❑	❑	❑	❑	Fähigkeit, effektiv zu arbeiten	
❑	❑	❑	❑	Informationsquellen auffinden	
❑	❑	❑	❑	Kreativitätstechniken einsetzen	
❑	❑	❑	❑	Realisierbarkeit von Lösungen einschätzen	
❑	❑	❑	❑	Fähigkeit, Ergebnisse kritisch zu reflektieren	
Persönliche Eigenschaften					
❑	❑	❑	❑	Zielstrebigkeit	
❑	❑	❑	❑	Selbstbeherrschung	
❑	❑	❑	❑	Risikobereitschaft	
❑	❑	❑	❑	Engagement	
❑	❑	❑	❑	Konzentrationsfähigkeit	
❑	❑	❑	❑	Belastbarkeit	
❑	❑	❑	❑	Eigeninitiative	
❑	❑	❑	❑	Durchsetzungsvermögen, Überzeugungskraft	
❑	❑	❑	❑	Flexibilität	
Soziale Fähigkeiten					
❑	❑	❑	❑	Verantwortungsbereitschaft	
❑	❑	❑	❑	Dialogfähigkeit, zuhören können	
❑	❑	❑	❑	Solidarität	
❑	❑	❑	❑	Fähigkeit, sich in die Rolle/Situation eines anderen versetzen zu können	

2.3 Konfliktprävention und Gesprächsführung

„Unser wahres Wesen ist die Einheit und die Verbindung, nicht Vereinzelung und Getrenntheit."

(Lee Coit)

Um den Erfolg von Projekten zu sichern, ist also zunächst eine bestimmte Arbeitsatmosphäre zu schaffen – die sogenannte Projektkultur. „Darunter versteht man eine bestimmte Haltung und Denkweise, die der Förderung von Motivation, Engagement und Teamgeist dient. Durch die volle Unterstützung der Unternehmensleitung, eine interdisziplinäre und Hierarchie überwindende Arbeitsatmosphäre und gezielte Schulung kann die Projektkultur enorm begünstigt werden. Eine erfolgreich entwickelte Projektkultur führt zu:

- einer Verbesserung der **Kooperation**,
- einer Verbesserung von **Informationsfluss und -austausch**,
- einer Verbesserung der **fachlichen und sozialen Kompetenz** der Projektmitarbeiterinnen,
- einer Steigerung der **Kreativität** des Projektteams und
- einer Verringerung von **Projektrisiken**.

(vgl. Schmitt et al. 2002)

Dabei ist es selbstverständlich, dass Teamarbeit ohne ein Minimum an Kenntnissen und Regeln nicht funktioniert. Regeln dienen dazu, menschliche Interaktion und Kommunikation zu erleichtern, damit gemeinsame Ziele effektiv erreicht werden können. Doch gerade ein Defizit an sozialer Kompetenz verhindert nur allzu häufig ein gelingendes Miteinander; beispielsweise die mangelhafte Trennung von emotionaler Ebene und Sachebene bewirkt etwa persönliche Kränkungen und kann bereits während der ersten, flüchtigen Gespräche über Projektvisionen zu inneren Widerständen oder bei den Mitarbeiterinnen führen. Wie dies die aktuelle Organisationspsychologie eindrucksvoll beschreibt, resultieren daraus nicht selten Phänomene wie Mobbing, innere Kündigung, Konkurrenzverhalten, erhöhter Krankenstand bis hin zu vermehrter Fluktuation. Insofern ist es vor allem in der Vorprojektphase von großer Wichtigkeit, den psychosozialen Aspekten die entsprechende Aufmerksamkeit zu widmen, um möglichen Konflikten präventiv zu begegnen.

Die Gruppenregeln der TZI (Themen zentrierte Interaktion)

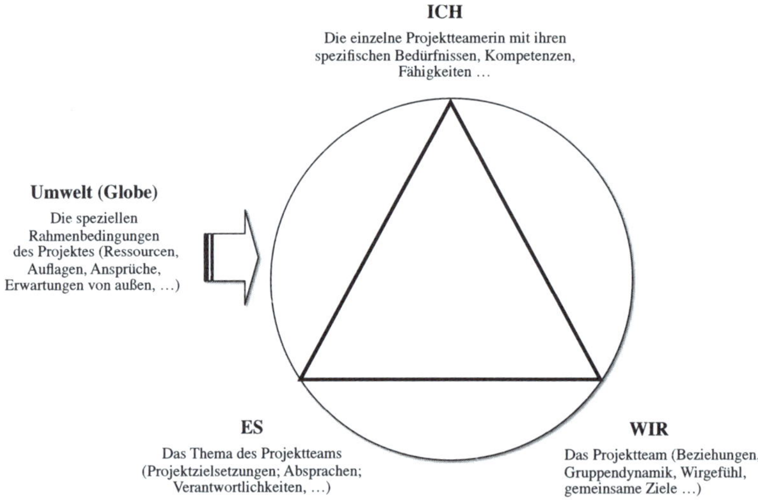

So ist es gerade das hohe Verdienst von Ruth Cohn, einen für die Praxis hilfreichen Katalog von Richtlinien erarbeitet zu haben, welcher unterstützt, dass ein dynamisches Gleichgewicht zwischen den individuellen Bedürfnissen der einzelnen Projektmitglieder, der Projektgruppe und den durch das Projektziel entstehenden Herausforderungen gehalten werden kann. Durch diese systemische Sichtweise wird es vor allem Projektleiterinnen erleichtert, diese universell wirkenden Prozesse klar zu trennen und zu steuern. So kann es sich in einem ersten Projekttreffen herauskristallisieren, dass die Projektmitarbeiterinnen zunächst die Rahmenbedingungen, also den Globe, mit Fragen zu beispielsweise Freistellung, Bezahlung, Mehrbelastung etc. thematisieren wollen und erst später die Inhalte und Ziele der eigentlichen Projektvision. Gemäß dem Leitspruch Cohns „Störungen haben Vorrang“ ist hier die Projektleiterin, die in den meisten Fällen ebenso als Moderatorin fungiert, aufgefordert, durch aktive Gesprächssteuerung ein dynamisches Gleichgewicht zwischen den verschiedenen Polen herzustellen.

(modifiziert nach Cohn 1991)

Feedback

Paul Watzlawick formulierte den Satz: „ich weiß nicht, was ich gesagt habe, bevor ich die Antwort meines Gegenüber gehört habe" und weist damit auf die entscheidende Rolle eines offenen Feedbacks für ein gemeinsames Verständnis hin.

Im Dialog von Projektteams ist es vielversprechend, schon in den ersten Projektreffen, also noch während der *Formingphase* der Gruppe, sich über grundlegende Regeln der Kommunikation und Interaktion zu verständigen, die je nach Entwicklungsstand der Gruppe in unterschiedlicher Intensität diskutiert und vertieft werden müssen. Ein maßgeblicher Aspekt „gesunder" Gruppenentwicklung liegt dabei in der Kommunikationskultur. Diese zeigt sich sehr deutlich darin, ob eine offene Kommunikation möglich ist und auf welche Art und Weise Feedback innerhalb der Projektgruppe gegeben wird. Feedback in jeglicher Form ist existenziell und bei konstruktiver Anwendung äußerst entwicklungsförderlich. Feedback ist eines der wichtigsten Hilfsmittel, anderen Hinweise zum eigenen Verhalten zu geben.

Regeln für das Geben von Feedback:

- Beobachtungen konkret benennen. Verhalten genau beschreiben.
- Das Gegenüber wissen lassen, welche Reaktionen und Empfindungen das Verhalten ausgelöst hat.
- Die eigenen Gefühle mit Ichbotschaften artikulieren. „Es hat mich gefreut, dass ..."
- Eigene Ziele und Wünsche klar äußern.
- Nur Feedback zu begrenzten, veränderbaren Verhaltensweisen und Einstellungen zu Sachverhalten äußern.
- Auf Wertungen und Verurteilungen verzichten.
- Direkte Feedbacks geben (besser unter vier Augen, persönlich, die Person direkt ansprechen). Keine globalen, verallgemeinernden Abrechnungen!
- Die passende Situation wählen (Ort, Zeit). Der Feedbackempfänger soll das Gesicht nicht verlieren.
- Positives (Anerkennung) ebenfalls nennen. Positives verstärken.

Regeln für das Empfangen von Feedback:

- Zuhören, Feedback anhören, entgegennehmen – schweigen

- Kein Rechtfertigen, keine Begründungen
- Höchstens nachfragen, wenn etwas nicht verstanden wurde
- Denkpause einlegen
- Für das offene Feedback danken
- Selbst entscheiden, was man beibehalten, was man verändern oder weiter beobachten möchte
- Dem Feedbackgeber sagen, was das Feedback bewirkt hat

Feedback-Killer sind:

- Zeitdruck
- Verallgemeinerungen
- Vagheiten
- „Man müsste ..."
- „Man sollte ..."

(vgl. Institut für Systemisches Management 2004)

Gespräche kompetent vorbereiten und führen

Mit jedem Projektgespräch, sei es im Team, mit einem Kooperationspartner oder mit dem Träger, können Hindernisse abgebaut werden. Dies setzt voraus, dass die Gespräche gut und richtig vorbereitet sind und die Projektleiterin als fragende Person (siehe Abschnitt Fragetechniken) die Verantwortung für den Gesprächsverlauf übernimmt. Die nachfolgenden Schritte ermöglichen eine effiziente, eigenständige und verantwortungsbewusste Durchführung und Auswertung von Projektgesprächen:

1. **Fragen stellen:** Welches sind die wesentlichen Fragen? Im Gespräch: Fragestellungen und Lösungsmöglichkeiten klar erläutern.
2. **Istzustand vorstellen:** Was wurde bisher gemacht/erreicht? Im Gespräch: Kurze Orientierung bzw. Information über den bisherigen Arbeits- und Projektverlauf und den momentanen Projektstand.
3. **Ziele vorstellen:** Welches sind die Gesprächsziele, welches die Projektziele? Im Gespräch: Ziele des Gesprächs, Stolpersteine, Protokollführung und Ergebnissicherung knapp skizzieren und vorgestellte Wünsche und Erwartungen anbringen.
4. **Struktur entwickeln:** Was könnte die Rückmeldung der Grup-

pe, des Träger oder der Mentorin sein? Im Gespräch: Erwartete Rückfragen, Stellungnahmen oder Informationsbedarfe mitteilen. Lösungsorientierte Besprechung des weiteren Vorgehens.

5. **Niveau einschätzen:** Wie ist das derzeitige Projektniveau und das Vorbereitungsniveau einzuschätzen? Im Gespräch: Derzeitiges Projektniveau besprechen, Wunschniveau nennen, Schritte zur Perfektionierung erfragen.

Am Ende des Gesprächs empfiehlt es sich, ein kurzes Feedback zu geben und mit Blick auf ein weiteres Treffen einen neuen, wenn auch provisorischen Gesprächstermin festzulegen sowie ein Ergebnisprotokoll zu verfassen (vgl. Kunz 2004, S. 140).

Zu einer guten Planung eines Projektes gehört die Festlegung eines einheitlichen Dokumentationsstandards, wenigstens jeweils innerhalb eines Projektteams. Das wussten schon die alten Ägypter, deren in Stein gemeißelten Protokolle noch heute Auskunft über die damalige Form des Projektmanagements geben. Protokolle verhindern, dass Gruppentreffen in die Unverbindlichkeit abdriften, denn sie erzwingen, dass Ziel- und Zeitvereinbarungen getroffen werden. Dies kann in einfacher Form durch die schriftliche Erfassung der typischen „Ws“ geschehen:

Wer macht was, wieso, wo, mit wem, bis wann?

Protokolle sind ein Mittel der Prozessdokumentation.

Protokolle haben Urkundencharakter und sind somit amtliche Dokumente!

Protokolle sind dann schnell erfassbar, wenn sie **einheitlich** gestaltet sind und eine **fortlaufende Nummer** tragen. Deshalb ist es vorteilhaft, die äußere Form vorzugeben, z. B. als Kopier- oder Formatvorlage. Auch eine Spalte für Anmerkungen (wie etwa: siehe Rückseite, siehe ...) hat sich bewährt. Zusammen mit ein paar Standardangaben wie Anwesende, Zeit und Ort des Treffens, Protokollant entsteht ein Ergebnisprotokoll. Wird auch noch über den Verlauf des Treffens kurz und knapp berichtet, erhält man ein Protokoll, das Verlauf und Ergebnisse fixiert. Diese Mischform eines Protokolls hat sich für die Projektarbeit bewährt. Folgende Tabelle gibt einen Überblick über Funktionen und Formen des Protokolls.

Funktionen des Protokolls			
Information	**Dokumentation**	**Organisation**	**Kontrolle**
z. B. Abwesende, Nachschlagemöglichkeit	Juristischer Beweis, Urkundencharakter	Aufgabenverteilung	Überwachung der Durchführung von Beschlüssen

Formen des Protokolls	
Verlaufsprotokoll	Ergebnisprotokoll
• hält wesentliche Schritte fest • stellt dar, wie es zum Ergebnis gekommen ist • gibt Kern der Äußerungen, Anträge, Forderungen, Einwände wider • nennt Ergebnisse, Beschlüsse, Abstimmungsergebnisse • fixiert, wer Aufgaben übernommen hat	• beschränkt sich auf Informationen über Ergebnisse und Beschlüsse • nennt Anträge, Abstimmungsergebnisse, Wahlergebnisse in gekürzter Form • fixiert, wer Aufgaben übernommen hat
Gruppenprotokoll	**Gedächtnisprotokoll**
• hält Arbeitsergebnisse fest • dokumentiert Problemlösungen • fixiert den Fortgang von Gruppenprozessen	• dient als Erinnerungshilfe • hält strittige Punkte fest • braucht als persönliche Aufzeichnung keine bestimmte sprachliche Form

Folgender Protokollbogen dient als Vorlage, die jederzeit jedem Anliegen gemäß veränderbar ist.

Nr.:	**PROTOKOLL**	ggf. **Logo** Anmerkungen
Zeit/Ort: An-/Abwesende:		
Tagesordnungspunkte/Ziele:		
1. Verlauf:	Was wurde besprochen?	
2. Ergebnisse:	Was wurde geklärt? Begründungen? Welche Fragen blieben ungeklärt?	

3. Weiterarbeit:	Weitere Aufgaben? Absichten und Ziele? Wer übernimmt welche Aufgaben?
Termine:	Bis wann sind die Aufgaben zu erledigen? Nächste Arbeitssitzung(en): Nächste Moderation: Nächstes Protokoll:
Protokollant(in): **Unterschrift:**	

2.4 Ressourcen – Personal, Zeit, Geld, Material

„Es ist schwer, verschüttetes Wasser wieder einzusammeln."
(Chinesisches Sprichwort)

Insbesondere in sozialen Berufen ist trotz der Einführung von festgelegten Leistungsstandards noch häufig eine ideelle, altruistische und vor allem überhöhte Leistungsvorstellung vertreten, was zu den bekannten Überforderungen bis hin zu Krankheitsbildern führt. Um die damit einhergehenden Zielerreichungsrisiken zu reduzieren, sind die Ziele besonders in sozialen Unternehmen konsequent an den Ressourcen orientiert zu bestimmen.

Hier zeigt sich als bedeutungsvoll das in der Betriebswirtschaft entstandene und erfolgreich angewandte Entscheidungsinstrument: Das Minima-Maxima-Prinzip setzt sich auch im sozialen Bereich vermehrt durch. Gemäß dieses Prinzips gibt es zwei grundlegende Verfahrensweisen:

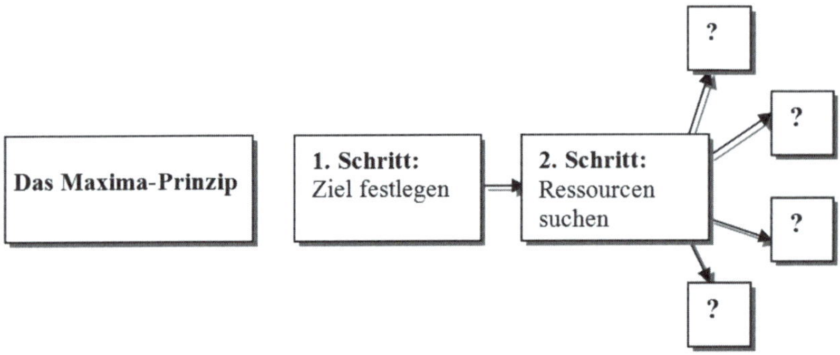

1. **Maxima-Prinzip:** Die Ziele werden an den vermuteten und nicht gemessenen Bedarfen bestimmt und verfolgt, ohne sich der Verfügbarkeit von Ressourcen zu vergewissern.
2. **Minima-Prinzip:** Zunächst werden die verfügbaren Ressourcen der Einrichtung gemessen, um im Abgleich der Bedarfe die Ziele zu formulieren.

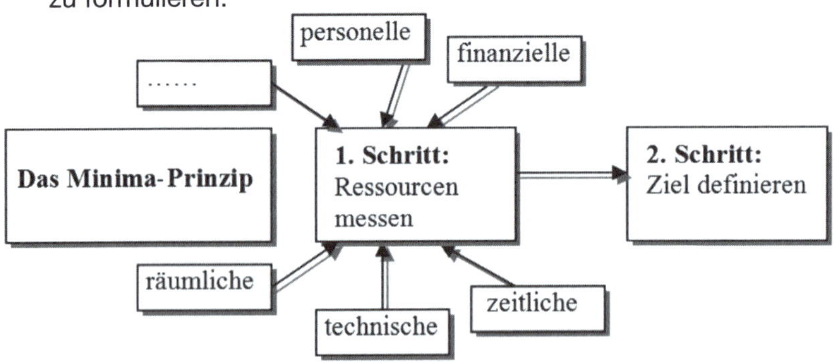

Ressourcen sind kritisch zu überprüfen und nicht nach dem „Wunderprinzip" zu betrachten. Verschiedene Ressourcenarten werden eingesetzt:

1. **Personen:** Projektteam, externe Berater, Mitarbeiterinnen im Projektfeld wie Mentoren, Auftraggeber, Eltern
2. **Sachmittel:** Räume, Fahrzeuge, Maschinen, PC, Materialien, Hilfsmittel
3. **Geld:** verfügbare oder zu erwirtschaftende Mittel, Spenden, Sponsoring, Fundraising
4. **Zeit:** Projektlebenszeit

Für die Projektteams stellt sich zunächst die Frage nach der Einsatzzeit und Kompetenz (vgl. Abschnitt Teambildung), damit bei der Ressourcenklärung gleichzeitig die Ermittlung möglicher Auftragsverteilung erfolgt, z. B. Arbeit am PC.

Wesentlich in der Vorprojektphase ist die Zielbestimmung von verfügbaren Ressourcen, dennoch erfolgt später anhand des *Projektstrukturplans* zusätzlich die Ressourcenbedarfsermittlung. Wichtige Fragen, die sich dann stellen, wenn die Arbeitspakete festgelegt werden:

- Welche Qualifikation muss das Team für diese Aufgaben haben?
- Sind Experten außerhalb des Teams einzubeziehen/wer hat entsprechende Kontakte?
- Welche Sachmittel sind zusätzlich erforderlich/wie und durch wen können sie beschafft werden?
- Gibt es erforderliche Sachmittel, die nicht zu beschaffen sind?
- Sind die Teammitglieder zu den geplanten Einsatzzeiten verfügbar?
- Haben alle den gleichen Wissensstand zur Anwendung der Projektmanagementmethode erreicht?
- Haben alle Teammitglieder sich mit ihrem persönlichen Zeitmanagement auseinandergesetzt?

Ressourcenplan:
Das Projekt EASE unterlag einer Comenius-Förderung und hatte Vorgaben zum Einsatz von max. 60 Stunden Mehrarbeit der Studierenden, die in Fortbildungen und regionalen Treffen verbucht wurden, während die Projektarbeit Bestandteil der Ausbildung in der Praxis war und somit nicht gesondert errechnet werden musste.
Nicht gedeckte Ausgaben wurden aus der Förderung finanziert und bildeten somit keine Risiken.
Die Koordinatorin (Verf. Homberg) begleitete den Prozess mit der Methode des Projektmanagements kontinuierlich und konnte dadurch frühzeitig auf Überlastungen eingehen.

2.5 Sozialsponsoring

„Geld ist Mittel zum Zweck,
aber der Zweck heiligt nicht immer die Mittel."

(Achim Schmidtmann)

Spätestens nach der Ressourcenklärung wird deutlich, ob Mittel von außen benötigt werden. **Sozialsponsoring** hat sich inzwischen als Begriff etabliert, auch wenn durchaus häufig nur **Spenden** gemeint sind. Spenden für einzelne Vorhaben oder in regelmäßig wiederkehrender Weise sind sicher sehr willkommen, denn sie fordern weder Arbeit noch Imagerisiken.

Sponsoring hingegen unterliegt klaren Vorgaben und bedarf einer vertraglichen Abstimmung, Geber und Nehmer sollen davon profitieren. Sponsoring erfordert Zeit, daher ein Blick auf das Wesentliche:

1. Sponsoring ist als Partnerschaft zu vertreten und nicht als Bittstellertum beim einem Geldgeber. Daraus leitet sich ab, dass beide sehr genau prüfen müssen, ob die Ziele der Partner-Unternehmen geeignet sind, das jeweilige Image zu stärken. (Kita mit dem Image der gesunden Ernährung kann sich ein Sponsoring eines Fast-Food-Unternehmens nicht erlauben.)
2. Die Zielgruppen der beiden Unternehmen sollten übereinstimmen (Stadtteilorientierung, Kinder, Familien, soziale Unternehmen).
3. Ein Sponsoring sollte langfristig angelegt sein (z. B. Einrichtung und Pflege eines Medienraums in der OGS), d. h. über das Pilotprojekt hinaus, denn die Wirksamkeit in der Öffentlichkeit von Sponsoring ist kurzfristig nicht zu erreichen, doch der Sponsor wünscht sich einen Imagetransfer durch die Zusammenarbeit. Für die soziale Institution Kita oder OGS bietet sich eine Sicherheit über eine festgelegte Zeit an.

Was ist also zu tun? Ganz entscheidend ist der professionelle Auftritt mit dem Gesamtkonzept des Unternehmens und dem spezifischen Projektkonzept. Schließlich gehen Projektleitung und Sponsor auf ein Geschäft mit gegenseitigen Vorteilen ein. Somit ist detailliert zu verdeutlichen, welche Vorhaben von dem Geld des Sponsors finanziert werden.

Was bieten Kita oder OGS dem Sponsor? Es bildet sich ein Mehrwert durch ein gezieltes Marketing gegenüber der gemeinsamen Zielgruppe. Das ist ein wichtiges Argument neben der attraktiven Steuerabschreibung gegenüber einer Spende. Kosten und Leistungen werden genau aufgeschlüsselt und als Nachweis zur Verfügung gestellt, damit sie steuerlich als Werbungskosten einsetzbar sind.

Es ist wichtig, klare Ansprechpartner in beiden Unternehmen zu benennen, damit alle Vereinbarungen zügig umsetzbar sind und die vertraglichen Aspekte zeitnah überprüfbar werden.

Was gehört in einen Sponsoringvertrag? Die Mittel sind genau festzulegen (Geld-, Sach- oder Personalmittel). Der Zeitraum ist zu bestimmen (vgl. Inhalt Projektauftrag). Gemäß der Zielvereinbarung im Projekt erhebt der Sponsor in der Regel den Anspruch auf einen Abschlussbericht. Es ist genau festzulegen, wie das Marketing gestaltet wird. Bewährt hat sich ein Vermerk auf dem Layout des Unternehmens (z. B. Sponsor für ..... 2007–2011).

Pressearbeit als positive Rückmeldung an Sponsoren und Einladungen zu Projektpräsentationen sowie Vermerke auf der Einladung sind Formen, die nachhaltige Bindungen der Sponsoren ermöglichen.

Um bei großen Projekten Unterstützung und Sicherheit zu erlangen, bieten sich Beratungen durch Fachleute an; eine Differenzierung würde den Rahmen hier sprengen. Gleiches gilt für die Verfahren **Spenden und Fundraising**.

Muster Sponsoringvertrag

§ 1 Vertragsparteien

Zwischen ...., vertreten durch Herrn/Frau ...., und der Fa. ...., vertreten durch Herrn/Frau ...., wird Folgendes vereinbart:

§ 2 Leistung des Sponsors

Die Firma .... – im folgenden Sponsor genannt – unterstützt das Projekt .... – im folgenden der Gesponserte genannt – mit folgenden Sachmitteln:

a) ....

b) ....

c) ....

d) ....

§ 3 Leistungen des Gesponserten

Als Gegenleitung verpflichtet sich der Gesponserte zu folgendem Tun oder Dulden:

a) Bei der Projektpräsentation wird der Sponsor erwähnt.

b) Öffentliche Bekanntgabe der Sponsoringleistung in der lokalen Presse

c) Einrichtung eines Hinweisschildes im Eingangsbereich der Institution

d) ....

§ 4 Laufzeit des Vertrages

Der Vertrag beginnt am .... und endet am ....

§ 5 Recht auf außerordentliche Kündigung

Beide Vertragspartner haben das Recht, den Vertrag außerordentlich – ohne Einhaltung einer Frist – zu kündigen, wenn

a) der Gesponserte die vertraglich vereinbarten unter § 2 genannten Leistungen nicht erbringt

b) ...

Unterschrift Sponsor Unterschrift Gesponserte

2.6 Zielfindung

„Wenn du mit anderen ein Schiff bauen willst, so beginne nicht, mit ihnen Holz zu sammeln, sondern wecke in ihnen die Sehnsucht nach dem großen, weiten Meer."

(Antoine de Saint-Exupéry)

Diesem Bild entsprechend könnte die Methode des ganzheitlichen Projektmanagements für soziale Institutionen beschrieben werden: Die Vision der Humanität! Das Bild vom großen, weiten Meer genügt jedoch lediglich zum Auftakt der Gestaltung einer Zukunftsperformance, um sich gemeinsam aufzumachen, sich zu öffnen nach innen und außen. Bilder jedoch reichen nicht aus, öffnen aber die Türen zur Zielentwicklung.

Die explosive Entwicklung der sozialpolitisch-pädagogischen Auftragsvielfalt für soziale Institutionen veranlasst Behörden, Träger und Teams zu ebenso vielfältigen Zukunftskonferenzen, die neue Wege erschließen im methodischen Alltag für Kinder, Jugendliche, Familien und Netzwerke. Einzelne Projekte in Kita und OGS erzeugen immer auch Auswirkungen auf andere konzeptionelle Bausteine und bedürfen daher einer gründlichen Analyse der Probleme in der bestehenden Situation. Besonders aber die positiven Auswirkungen auf die Zukunft sind zu untersuchen (Nachhaltigkeit), weshalb gerade das angestrebte **Ziel** deutlich zu formulieren ist. Ist der Bedarf zur Veränderung geprüft und sind die Ressourcen ermittelt, dann hat das Projektteam den ersten wesentlichen Kommunikations- und Handlungseinsatz zu bewältigen, nämlich die Entwicklung von überprüfbaren Zielvorstellungen. Denn nicht der Weg ist das Ziel, vielmehr kann der Weg nur gefunden werden, wenn das Ziel klar ist. Um überhaupt sagen zu können, ob eine Alternative besser als eine andere Alternative ist, muss man sich über die Ziele klar werden, die mithilfe des Projektes erreicht werden sollen. Und für eine ordentliche Zielfindung sollten Sie sich demnach ausreichend Zeit nehmen.

Viel zu oft werden wunderbare kundenorientierte Veränderungen zum Bumerang der Überforderung im Team bzw. Kollegium und erweisen sich letztlich als „Energieverschwendung". Sowohl fachliche wie zeitlich-personale Ressourcen sind sorgfältig einzusetzen und messbar zu ermitteln, damit das angestrebte Projekt gelingt.

Nicht vergessen werden sollten die vorgegebenen Rahmenbedingungen wie maximal zur Verfügung stehende Zeit und Kosten. Für die Projektidee werden daher zunächst drei verschiedene Zielgrößen definiert:

- **Sachziel** (Was soll erreicht werden?): Hilfreich kann dabei sein, „Schlüsselwörter" für das Projekt zu formulieren.
- **Kostenziel** (Was darf das Projekt kosten? Gibt es Sponsoren? Drittmittel?)
- **Terminziel** (Bis wann soll alles erreicht werden?)

So ist jedes Projekt von drei Zielvorgaben bestimmt, dem sog. „magischen Dreieck", wie im Folgenden dargestellt.

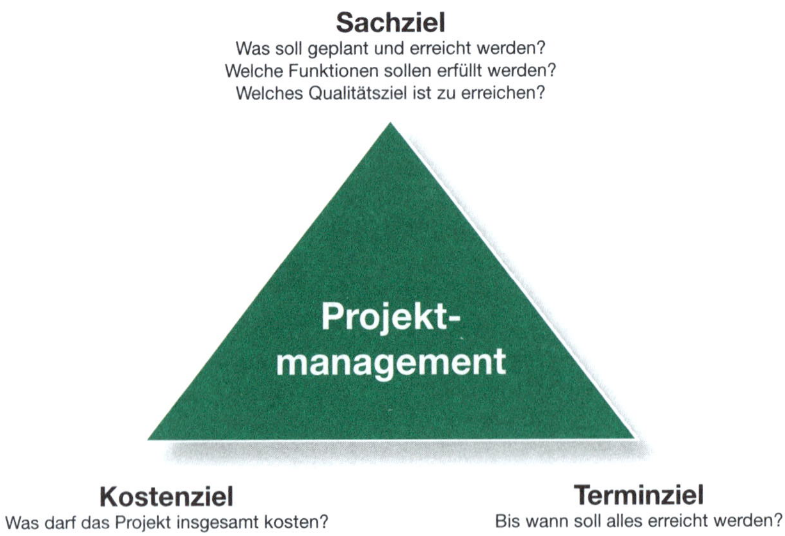

Projektziele werden immer im Team erarbeitet. Würde ein Projektziel nur von einer einzigen Person formuliert, so könnte diese leicht etwas Wichtiges übersehen: im Sinne des Ganzheitlichen Projektmanagements auch das Projektumfeld in die Zielentwicklung einzubeziehen.

Außerdem benötigt die Zielplanung den Zugriff auf eine große Menge an fachspezifischem Wissen, so dass oftmals entsprechende Beratung oder Vertiefung erforderlich wird. Projektziele entstehen durch Visionen. Visionen entstehen durch das Bedürfnis oder die Notwendigkeit, bestehende Verhältnisse zu verändern. Andere von innovativen Ideen zu überzeugen, ja mitzureißen, gelingt insbesondere durch klare Zielvorstellungen.

Vorstellungen sind zunächst anschaulich und fordern Antworten auf Fragen nach dem Bild der Zukunft. Für die Vermittlung der Vision gibt es symbolische, überzeichnete und realistische Bilder. Werthaltung und Auseinandersetzung der Mitarbeiterinnen einer Kita bzw. das Kollegium einer OGS sind ebenso bedeutungsvoll wie die Kenntnis der neuesten fachlichen Forschungsergebnisse und Vorgaben (Gemeinsame Bildungsgrundsätze NRW), um die Zukunft für Kinder, Jugendliche und Familien im pädagogischen Alltag zu gestalten.

Als Regel u. Wieland ihr Konzept vom offenen Kindergarten vorstellten, benutzten sie die Metapher „das Kind zur Rose machen“, und jede Leserin konnte sich einprägsam daran orientieren. Dennoch ist auch das Bild der *Rose* zu artikulieren, zu differenzieren und zu transferieren, also in eine Dokumentation zu fassen, die Klarheit und Transparenz vermittelt.

Überzeichnete Bilder wie „alle Erzieherinnen und Grundschullehrerinnen arbeiten nach dem Projekt intensiv zusammen“ sind anschaulich und öffnen die Türen für das anvisierte Projektziel.

Bilder lösen Gefühle aus, aber auch emotionale Begriffe wie Begeisterung, Schöpfung und Gerechtigkeit können eine lebendige Wirkung hervorrufen. Besonders in sozialen Berufen finden diese Bilder und Symbole positiven Zugang und motivieren, sich auf die Zielformulierung einzulassen. Zahlreiche und ebenso hilfreiche Methoden bieten sich an, um diesen Weg zu bahnen.

Sachzielhierarchie

Insbesondere vom Sachziel des Projektes hängen Termin- und Kostenziel ab. Der Zielklärungsprozess ist daher entscheidend wichtig für den Projektverlauf. Empfohlen wird die Gliederung in folgende Zielehierarchie:

1. Leitziel (auch Globalziel, Richtziel, Grundsatzziel):

Diese sind zumeist eng an das Projektthema angelehnt, geben die grobe Tendenz an und sind relativ abstrakt. Das **Leitziel** legt Visionen und Werte fest, steht für Identität, wo Image, Wünsche und Erwartungen formuliert sind. Beispielweise beschließen Kita und nahe gelegene OGS eine Kooperation zur Verbesserung der pädagogischen Arbeit.

2. Mittlerziele (auch Rahmenziele, Grobziele):

Die **Mittlerziele** differenzieren diese Leitlinien zur überprüfbaren Größe und charakterisieren die Inhalte des Leitziels. Sie beschreiben Ergebnisse und Wirkungen, die am Ende erreicht sein sollen. Ein Mittlerziel aus o. g. Beispiel könnten sein: Entwicklung eines Konzeptes zum gelingenden Übergang der Kinder von der Kita in die OGS.

3. Handlungsziele (auch Ergebnisziele):

Die **Handlungsziele** verdeutlichen die konkreten Strategien, Pläne und Vorhaben, die zum Leitziel führen und machen die Mittlerziele „greifbar". Handlungsziele beschreiben die Merkmale, durch die erkennbar wird, wie die Mittlerziele zu erreichen sind. Bereits bei der Zielformulierung sollten Sie daran denken, Ihre Ziele anhand von Indikatoren und Kriterien überprüfbar zu machen. Handlungsziele aus o. g. Beispiel könnten sein: Zweimal jährlich findet ein Austausch zwischen Vor- und Grundschülern statt oder jedes Kind in der Kita hat eine Patenschaft mit einem Grundschulkind.

Neben der Zielhierarchie bietet sich die Unterscheidung der Handlungsziele in Ergebniszielen und Verfahrenszielen:

Ergebnisziele gehören zu den „klassischen" Zielen, denn bei ihnen geht es darum, was erreicht werden soll. Zu den **Ergebniszielen** gehören also Leistungsziele, Qualitätsziele, Kostenziele und Terminziele (siehe Magisches Dreieck) und müssen durch Indikatoren und Kriterien messbar gemacht werden.

Bei den **Verfahrenszielen** geht es darum, wie die angestrebten Ziele erreicht werden sollen. Es handelt sich hierbei um Randbedingungen und sonstige Anforderungen wie beispielsweise finanzielle, personelle und sachliche Ressourcen. Hier erweist sich der Hinweis auf das Ganzheitliche Projektmanagement erneut als angebracht hinsichtlich der zu berücksichtigenden Kommunikations- und Konfliktstrategien, die im Projektteam für das WIE sehr bedeutungsvoll sind. Störungen auf der kommunikativen Ebene wirken nicht nur im Projektverlauf negativ, sondern haben durchaus konkrete Auswirkungen auf den Arbeitsalltag mit den Kindern.

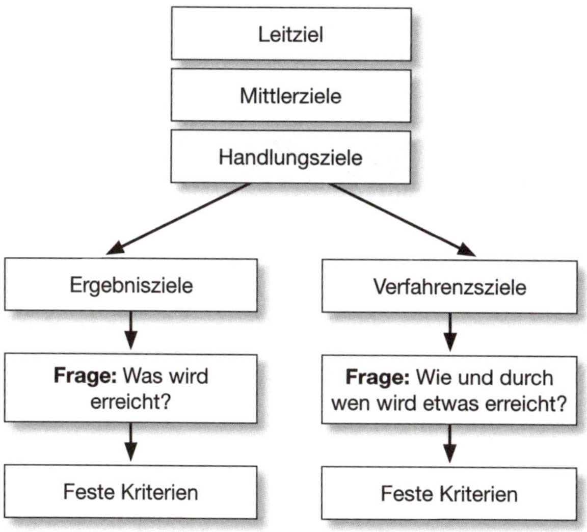

Letztlich lassen sich vor allem die Handlungsziele auch nach ihrer Bedeutung oder Wichtigkeit unterteilen. Man unterscheidet in diesem Fall zwischen Musszielen und Wunschzielen.

Die Mussziele sind zwingend vorgegeben. An ihrem Erreichen wird der Erfolg des Projektes gemessen. Deshalb sind Mussziele auch klar definiert und somit überprüfbar.

Wunschziele sind nicht zwingend vorgegeben, beispielsweise ein besserer Kontakt zu den Eltern der am Projekt beteiligten Kinder. Ihr Erreichen ist zwar positiv zu bewerten, aber das Projektziel kann auch erlangt werden, wenn dies für die Wunschziele nicht gilt. Trotzdem sollten sie angestrebt werden, da ihr Erreichen sich positiv auf die Qualität des erreichten Projektziels auswirken kann (vgl. Schmitt et al. 2002). Obige Grafik stellt die Zieldifferenzierungen im Zusammenhang dar.

Die Ziele sind hierarchisch anzuordnen, was bedeutet, Prioritäten zu bilden, dass die Ergebnisse, die anderen Ergebnissen als Basis dienen, erst zu erzielen sind, z. B. für die gelingende Kooperation von Kita und OGS wird erst eine klares pädagogisches Konzept benötigt, bevor Begegnungen eingeleitet werden können. Folgendes Formular zur Zielgewichtung dient als Hilfestellung, die Ziele zu notieren, zu klassifizieren und nach unterschiedlichen Prioritätsstufen zu bewerten.

ZIELE	PRIORITÄTSSTUFEN			
Leitziele: __________ __________ __________				
Wunschziele/Kannziele: __________ __________ __________				
Erreichung zwingend vorgegeben!				
Mussziele/Meilensteinziele	1	2	3	4
1. __________	❑	❑	❑	❑
2. __________	❑	❑	❑	❑
3. __________	❑	❑	❑	❑
4. __________	❑	❑	❑	❑
5. __________	❑	❑	❑	❑

6. ______________________	❑	❑	❑	❑
7. ______________________	❑	❑	❑	❑
8. ______________________	❑	❑	❑	❑
9. ______________________	❑	❑	❑	❑
10. ______________________	❑	❑	❑	❑
Prioritätsstufe 1: hohe Priorität, Prioritätsstufe 4: keine Priorität				

2.7 Zielüberprüfung mittels der Kräftefeldanalyse

Zur Bewertung der Projektziele erweist sich die Kräftefeldanalyse als besonders hilfreiche Methode.

Ein einfaches Diagramm zur Stärken-Schwächen-Analyse veranschaulicht die Kräfteverteilung. Mit der Stärken-Schwächen-Analyse kann mit einem Blick Erfolg oder Misserfolg eingeschätzt werden. Sie erweist sich als bewährtes Arbeitsinstrument im Projektmanagement zur Ressourcen- und Zielüberprüfung. Die Kräftefeldanalyse geht auf *Kurt Lewin* zurück, der sie aus seiner Feldtheorie entwickelte und wird im Folgenden nach Becker & Langosch (2002, S. 382 ff.) rezitiert.

Jede Situation, auch soziale Verhaltensweisen, kann man als ein Feld sehen, das ein künstlich aufrechterhaltenes Gleichgewicht (quasi stationary equilibrium) zwischen hindernden und fördernden Kräften darstellt. Nichts geschieht von allein oder ohne Auswirkung auf andere. Je genauer man erkennt, welche Kräfte wirksam sind und wie sie wirken, desto besser wird man Veränderungen in der gewünschten Richtung in Gang setzen können.

Die Bedeutung der Kräftefeldanalyse liegt darin, dass sie Folgendes ermöglicht:

1. ein komplexes Problem zu analysieren,
2. Planungen zur Herbeiführung von Veränderungen vorzubereiten,
3. mögliche Schwierigkeiten und Rückschläge, die sich bei der Planung bestimmter Aktionen ergeben können, vorher zu erkennen und bei der Planung zu berücksichtigen.

Der Ansatz der Kräftefeldanalyse ist überraschend einfach. Es kommt zunächst darauf an, das Problem, um das es geht, genau zu beschreiben und das Ziel zu definieren, das erreicht werden soll. Der eigentliche Lösungsweg liegt dann in der Beantwortung und Bearbeitung von den drei Fragen:

1. Welche hemmenden Kräfte gibt es?
   Zum Beispiel für die Entwicklung eines genannten Mittlerziels im Projekt der Kita?
   a) intern
   b) extern
2. Welche fördernden Kräfte gibt es?
   a) intern
   b) extern
3. Welche Vorschläge dienen dazu,
   a) die hemmenden Kräfte abzubauen und
   b) die fördernden Kräfte zu verstärken?

Das ist im Grunde alles. Das Entscheidende dieser Methode liegt natürlich in der Art der Durchführung. Die Kräftefeldanalyse wird in der Regel in Gruppen von 5 bis 6 Teilnehmern durchgeführt. Bei größeren Gruppen empfiehlt es sich, Kleingruppen zu bilden und die Ergebnisse nachher im Plenum zu diskutieren.

Die Kräftefeldanalyse vollzieht sich in folgenden Schritten:

1. Die Gruppe beschreibt das Problem, um das es geht.
   Kernfrage: Was stört uns?
2. Die Gruppe definiert das Ziel, um das es geht.
   Kernfrage: Was wollen wir erreichen?
3. a) Die Gruppe nennt alle hemmenden Kräfte, die auf die zu verändernde Situation einwirken und verhindern, dass das Ziel erreicht wird.
   b) Die Gruppe nennt alle fördernden Kräfte, die auf die zu verändernde Situation einwirken und es ermöglichen oder erleichtern, dass das Ziel erreicht wird.
4. Die Gruppe gewichtet die einzelnen Kräfte, wobei hemmende und fördernde Kräfte, die häufig in Wechselwirkung stehen, einander gegenübergestellt werden. Die Gewichtung wird durch Beispiele und Argumente belegt und dann in einer Rangreihe dokumentiert.
5. Die Gruppe entwickelt Vorschläge für das vorgenommene Ziel.

Kernfrage: Wie können wir erreichen, dass ... Dabei werden die Kräfte ausgewählt und gründlich untersucht, die verändert, d. h., reduziert oder verstärkt werden sollen. Es wird überlegt, wie die fördernden Kräfte verstärkt, unterstützt und zur Wirkung gebracht werden können.

6. Die Gruppe entwickelt einen Handlungsplan und eine Strategie des Vorgehens. Dabei werden konkrete Maßnahmen vereinbart.

Das prinzipielle Vorgehen bei der Kräftefeldanalyse ist etwas vereinfacht in einem Schema dargestellt. Zur Veranschaulichung wird ein Beispiel für eine Kräftefeldanalyse zur Klärung von Schwierigkeiten bei den Besprechungen einer Arbeitsgruppe stichwortartig verkürzt wiedergegeben.

1. Problem definieren

Alles was stört, wird genannt und aufgelistet (Brainstorming). Die störenden Verhaltensweisen werden in Dreiergruppen analysiert. Schließlich stellt sich heraus, was die vorherrschenden Verhaltensnormen sind: „Wir sprechen Konflikte nicht offen aus“ und „Wir wollen alle Unterschiedliches“.

2. Ziel formulieren

Offene Konfliktbearbeitung, Interessen- und Beziehungsklärung.

3. Kräftefeld analysieren

Das Schema wird angezeichnet und auf Zuruf werden die Spalten beschrieben.

1. Problem beschreiben Uns stört, dass …	
2. Ziel definieren Wie können wir erreichen, dass …	
3. Einflusskräfte und Bedingungen auflisten	
Was hemmt................................. 1. .... 2. .... 3.	Was fördert................................. 1. .... 2. .... 3. ....
4. Einflusskräfte analysieren und gewichten	
Der am meisten hemmende Faktor ist	Der am meisten fördernde Faktor ist ....
5. Vorschläge zur Veränderung	
um die hemmenden Faktoren zu beseitigen oder abzuschwächen	um die fördernden Faktoren zu verstärken und zu unterstützen
6. Aktionsplan erstellen Konkrete Maßnahmen vereinbaren: Wer tut was, wann und mit wem … um die gewünschten Veränderungen zu bewirken	

Hindernde Kräfte	Helfende Kräfte
1. Mangelndes Vertrauen	*1.* Erklärter Wille, effektiver zu arbeiten
2. Angst vor Ärger	*2.* Unbehagen mit der gegebenen Situation
3. Harmoniebedürfnis (keinen Streit kriegen)	*3.* Wunsch nach Klärung der Probleme (Was will eigentlich der andere? Was will eigentlich ich?)

4. Angst vor Trennung oder davor, isoliert zu werden

5. Unausgesprochene Machtansprüche

6. Zeitdruck

7. Unklarheiten über Einzelfragen usw.

4. Zeitdruck; die Tagesordnungen der Sitzungen könnte schneller abgehandelt werden, wenn die Konflikte bearbeitet wären usw.

2.8 Zielüberprüfung mittels S.M.A.R.T.-Kriterien

Alle Zielformulierungen sind so festzulegen, dass sie mit S.M.A.R.T. (aus Anfangsbuchstaben zusammengesetztes Wort) überprüft werden können. Gemäß der S.M.A.R.T.-Kriterien sind sie immer spezifisch, messbar, (anspruchsvoll/aktuell) akzeptabel, realistisch und terminiert.

In der Reihenfolge steht S.M.A.R.T. für

1. **Spezifisch:** Die Ziele sind deutlich und klar definiert und zeigen auf, wie der nachhaltige Nutzen für die Institutionen aussieht. Es handelt sich um eine neue konzeptionelle Ausrichtung und nicht um eine Wiederholung in abgewandelter Form. Nach der „Pilot"-Phase, also nach einer ersten Versuchsreflexion, wird die Implementierung entschieden.
2. **Messbar:** Es muss geklärt werden, wie die Ziele messbar/überprüfbar (Controlling/Zielüberprüfungskriterien) sind. Daher sind die Kriterien der Zielerreichung klar zu benennen, z. B. im kommenden Jahr sind 10 Kinder unter 3 und 2 Kinder integrativ aufzunehmen oder die Teilnahme der Eltern ist um 20 % zu steigern.
3. **Akzeptabel:** Die Ziele müssen mit den gegenwärtig vorhandenen Ressourcen erreicht werden und von dem jeweiligen Träger und dem Team akzeptiert sein. Sie sollten anspruchsvoll, also nicht unter- oder überfordernd im Sinne der Ressourcen sein. Aktualität ist zu prüfen, um innovativ im Entwicklungsprozess zu sein.
4. **Realistisch:** Die Ziele sind erreichbar, da Risiken und Unwägbarkeiten überprüft/kalkulierbar sind (vgl. Kräftefeldanalyse). Die Ziele stimmen also mit dem Auftraggeber deutlich überein und sind wesentlich an der Zielgruppe orientiert.

5. **Terminiert:** Der Zeitrahmen ist konkret festgelegt und basiert auf realen Anforderungen. Der Projektplan (vgl. Abschnitt 3) gliedert Projektlebenszeit mit den Leitzielen und Meilensteine/Arbeitspakete mit Mittler- und Handlungszielen transparent und für das Projektteam erreichbar auf. Realistische Ziele sind zeitlich gut planbar und umsetzbar, z. B. im kommenden Jahr werden zehn Kinder zusätzlich aufgenommen, also eine klar benannte Größe, die nicht mit Symbolen verdeutlicht werden muss.

Ein zentrales Anliegen ist es, die Projektkompetenz zur Bewältigung von Veränderungsprozessen in sozialen Berufen zu erwerben, zu stärken und anzuwenden, damit Ressourcen zur Entwicklung und Verfolgung von Zielen nutzbar gemacht werden können.

Das Ganzheitliche Projektmanagement erweist sich also als geeignet, Strukturen und Prozesse in der Zukunftsgestaltung sinnvoll zu verbinden, ohne einer ständigen Überforderung ausgesetzt zu sein bei zunehmenden Kritik- und Anforderungsdebatten im sozialpolitischen Raum. Dazu ist, wie aufgezeigt, eine trennscharfe Zieldefinition unerlässlich.

Folgende Arbeitshilfen unterstützen bei der Hierarchisierung und Konkretisierung der Ziele.

Arbeitsblatt 1

Auf Ihre Zielgruppe bezogene *Leitziele*?

1. Bitte schreiben Sie spontan ein oder zwei Leitziele Ihres Programms auf, bevor Sie die nächsten Fragen und Anregungen durchlesen und sich am Ende der Seite auf eine Formulierung festlegen, mit der Sie weiter arbeiten wollen!

   ....

   ....

2. Wo decken sich Ihre Leitziele mit denen des Trägers/Auftraggebers?

   ....

   ....

3. Was bringt in der Leitzielformulierung konkret die Wirkung für die Zielgruppe zum Ausdruck?

   ....

   ....

   Welche Werte stehen hinter Ihrem Leitziel, die von den anderen im Projekt beteiligten Menschen unterstützt werden?

   ....

   ....

4. Sind Ihre Leitziele klar, deutlich und positiv formuliert, sodass jemand, dem Sie diese Ziele nennen, sie versteht?

5. Sind die Leitziele offen genug, um weitere Ausdifferenzierungen als Mittlerziele (Meilensteine) zuzulassen und Interventionen abzuleiten?

Kurze Beschreibung der Leitziele:

....

....

....

....

Datum: **Projektgruppe:**

Arbeitsblatt 2

Aus Ihren Leitzielen differenzierte Mittlerziele?

1. Schreiben Sie zunächst spontan Ihre angestrebten Mittlerziele auf!

   ....

   ....

Überprüfen Sie jetzt Ihre Mittlerziele mithilfe folgender Fragen:

1. Begründung in Kurzform, warum gerade jetzt dieses Ziel!

   ....

   ....

2. Welche weiteren Mittlerziele könnten vom Leitziel aus gesehen werden?

   ....

   ....

3. Nennen Sie die Schwerpunktsetzung mit der Mittlerzielentscheidung!

   ....

   ....

4. Was grenzen Sie durch diese Schwerpunktsetzung bewusst aus?

   ....

   ....

5. Sind die Mittlerziele klar, deutlich und positiv formuliert, sodass jemand, dem Sie diese Ziele nennen, sie versteht?

Kurze Beschreibung der Mittlerziele:

....

....

....

....

Datum: **Projektgruppe:**

Arbeitblatt 3

Aus Ihren Leit- und Mittlerzielen abgeleitete Handlungsziele:

Sind die Ziele gemäß der S.M.A.R.T.-Kriterien formuliert?

Spezifisch

....

....

....

....

Messbar

....

....

....

....

Anspruchsvoll/Akzeptabel

....

....

....

....

Realistisch

....

....

....

....

Terminiert

....

....

....

....

Formulieren Sie die Ziele mit möglichst wenig Interpretationsspielraum klar, eindeutig und positiv!

Kritischer Exkurs

Bildung und Ökonomie stehen in einer anthropologisch begründeten, gesellschaftlich organisierten und vor allem spannungsreichen Beziehung: dem Generationenverhältnis. Besonders in Zeiten gesellschaftlicher Transformation ist dieses Verhältnis neu zu vermessen, so auch derzeit, in der Phase der dritten Bildungsreform im Nachkriegsdeutschland. Im Unterschied zu den Bildungsreformen der 1960er und 1970er befinden wir uns in einer historisch neuartigen Situation ökonomischer Vernunft, wo sich betriebswirtschaftliche Rationalität volkswirtschaftliches, also dem Gemeinwohl verpflichtetes Denken, völlig dienstbar zu machen versucht (vgl. Negt 2001). Im theoretischen Duktus des Neoliberalismus, so die allerorts vernehmbare Botschaft, ist die betriebswirtschaftliche Logik zur konkurrenzlosen Ideologie geworden, zum zwingenden Kernbereich von Rationalität. Der „neue Geist des Kapitalismus" (Boltanski & Chiapello 2006) durchtränkt immer mehr gesellschaftliche Bereiche und setzt diese den ungezügelten Kräften eines entgrenzten, konkurrenzbasierten Marktes aus und lässt folglich auch den Bildungsbereich und somit auch Kita und OGS nicht unbeansprucht. Vielmehr hingegen wächst im Zuge dieser neuen Marktradikalität der Erwartungsdruck an das Bildungssystem, eine marktförmige Bildung hervorzubringen, die in effizienterem Maße und in immer schnelleren Zyklen die vom Markt gewünschten Subjekteigenschaften vereinen soll (vgl. Bernhard 2007, S. 211; Sennett 1999). Ein Weg zur raschen Anpassung des Bildungssystems zur Erfüllung dieser Erwartungen wird gegenwärtig von vielen in der „Ökonomisierung der Bildung" gesehen, wonach eben diese betriebswirtschaftliche Logik die Organisation bestimmt: Qualitätsmanagement, Zeitmanagement, Selbstmanagement, Drittmittelabhängigkeiten und klar messbare Outputsteuerung anhand fester Kriterien (vgl. etwa PädQuis; Bildungsstandards) sollen den unterschiedlichen Institutionen den Weg in die neue Selbstständigkeit bzw. den offenen Wettbewerb erleichtern, damit sie etwa zu einem konkurrenzfähigen und modernen „Dienstleistungs- und Kommunikationszentren für junge Väter und Mütter" werden (Robert-Bosch-Stiftung 2006, 9) oder anhand von Bildungsstandards mit anderen in Vergleich gesetzt werden können (vgl. Obermaier 2008).

Gerade vor diesem Hintergrund sind eine kritische Überprüfung der Projektvision, der Zielakzeptanz sowie der wirkenden Kräfte eine große Herausforderung.

Zur zusammenfassenden Überprüfung der Projektziele sollten folgende Fragen geklärt sein:

1. Wem dient das Projekt?
2. Wie lautet das Leitziel?
3. Welches Mittlerziel verfolgt das Projekt?
4. Sind die Ziele messbar, eindeutig, zeitlich befristet und personenbezogen?
5. Sind die Ziele von allen Beteiligten akzeptiert, realisierbar, beeinflussbar, ernsthaft, widerspruchsfrei, einmalig und nachhaltig sowie positiv formuliert. Welche Bedeutung hat das Projekt für die Institution?
6. Welche Ressourcen stehen zur Verfügung? Zeit, Personal, Material?
7. Wer wird beteiligt in der Projektleitung/im Projektteam?
8. Genügen die fachlichen Inputs? Wie werden sie beschafft?
9. Genügen die methodischen Kenntnisse (Kommunikation, Gruppenleitung, Moderation, Konfliktmanagement, Präsentation, Dokumentationsverfahren) oder wie werden sie beschafft?
10. Kann der Kontrakt/Auftrag vorbereitet werden?
11. Wer ist Auftraggeber, wer Mentor, wer sonst beteiligt? (vgl. Abschnitt Rollenkonfiguration)
12. Erlaubt die Kräftefeldanalyse den Projekteinstieg jetzt?

Wenn ja, dann steht dem Projektauftrag nichts mehr im Wege, um nach der Unterzeichnung in die Planungsphase zu wechseln.

Vorgegebene Leitziele im EU-Projekt EASE www.EASE-EU.com:

1. Stärkung der Bildungskontinuität im Übergang von der Kindertageseinrichtung in die Grundschule
2. Intensivierung des Dialogs zwischen den Fachkräften beider Institutionen, den Kindern und deren Eltern
3. Entwicklung, Erprobung, Verankerung von institutionsübergreifenden Lernprojekten in early literacy
4. Dokumentation der individuellen Lernprozesse der Kinder zum Austausch mit allen Beteiligten

Abgeleitet wurden Ziele für die Koordination, aber insbesondere für die Projektleiterinnen, die hier zu nennen sind:

Leitziel:

Entwicklung und Erprobung im Dialog von anschlussfähigem Material im Bildungsbereich early literacy zur Erleichterung des Übergangs von der Kindertageseinrichtung in die Grundschule

Mittlerziele:

1. Die Kita- und Schulleitung unterstützen den Dialog des Bildungsverständnisses und der Anschlussfähigkeit und stellen den Informationsfluss zum Team/Kollegium sicher.
2. Die Eltern als Experten ihrer Kinder werden in alle Prozesse aktiv einbezogen und entscheiden die Weitergabe/Veröffentlichung der Dokumentationen ihrer Kinder.
3. Die entwickelten Materialien werden in verschiedenen Gremien präsentiert, in der abgebenden Kita und annehmenden Schule erprobt, bewertet und implementiert.
4. Die Träger sind informativ in das Projekt eingebunden und zur Sicherung der entwickelten Programme im QM-Verfahren veranlasst.
5. Die Kooperation und Entwicklung wird bis zur Implementierung moderiert und koordiniert zur Vermeidung von Risiken wie Überforderungen oder konzeptionell bedingten Widerständen.

Hier wird bereits deutlich, wie umfangreich die Kommunikation im Vorprojekt gestaltet wurde, um die Mittlerziele zu verfolgen in der Projektplanung.

Nun wählte jedes „Tandem" das entsprechende Thema und musste die Handlungsziele für die gemeinsame und die institutionsrelevante Vorgehensweise ermitteln. Zur Veranschaulichung dient hier das Mittlerziel 1.

Handlungsziele zum Mittlerziel 1:

1. Der Dialog des Bildungsverständnisses findet im Tandem, im regionalen Arbeitskreis, im Kita-Team und im Lehrer (OGS)-Kollegium statt.
2. Die Leitungen sind entweder Auftraggeber oder als Mentor beigeordnet und sorgen unterstützend für den Informationsfluss ins Team/Kollegium und zum Träger.
3. Aktuelle Literatur wird von der Nationalen Koordinatorin bereit gestellt und zum Studium genutzt. Fortbildungen für die Projektleiterinnen, ihre Teams und Eltern der teilnehmenden Kinder werden eingeladen, wahrgenommen und für das Projekt ausgewertet.

Projektauftrag

Projektthema:

Projektteam:

1.
2.
3.
4.
5.
6.

Verantwortlicher Teamsprecher - Kontaktdaten:

Vorläufige Projektstruktur:

Beginn der Projektdurchführung:	Projektende:

Leitziel:

Mittlerziele:

Handlungsziele:

Wo findet das Projekt statt (Ort/Institution):

Wer ist voraussichtlicher Auftraggeber?

Wer sind externe Projektmitglieder und Experten?

Budget

Was kostet das Projekt? €

Wie werden die Mittel beschafft?

Vorläufiger Projektablauf:

"Welche wichtigen Ereignisse/Ergebnisse sollen bis wann erreicht werden (Meilensteine)?"

Termin (Beginn)	Inhalt	Termin (Ende)

Köln, den

Unterschrift/Teamsprecher

Projektantrag genehmigt:

Unterschrift/Auftraggeber

3

Projektplanungsphase

3 Projektplanungsphase

Der Wechsel von der Vorprojektphase in die Planungsphase ist vom Projektauftrag bestimmt.

Jedes Projekt wird von der Projektleiterin vorgeplant und mit dem Auftraggeber unterzeichnet. Möchte die Erzieherin eine Kindertagesstätte gründen, so wird der Auftrag durch das zuständige Jugendamt anhand des Bedarfsplans erteilt.

Hat eine Kita-Leitung die wunderbare Idee, eine Begegnungsstätte für Senioren zu integrieren, so bedarf es der Zustimmung diverser Organisationen rechtlicher Ordnung und des Trägers, selbst wenn die Ressourcen im Überfluss vorhanden sind. Das Projekt EASE musste an die Berufspraktikantinnen und Lehramtsanwärterinnen per Auftrag von der Kita- bzw. Schulleitung delegiert werden. Der Stand der Kooperationen zwischen Kita und Schule ist sehr unterschiedlich einzuordnen. Daher ergibt sich eine vorherige Teamklärung hinsichtlich der Projekthierarchie als unabdingbar. Im Non-Profit-Unternehmen wie im Profitbereich gibt es immer Menschen/Organisationen, also Hierarchien, mit denen die Projektleitung sich auseinandersetzen muss. Üblicherweise ist von weniger Freiraum in der Projektinszenierung auszugehen als oben beschrieben, da das soziale Projekt in der Regel innerhalb einer Unternehmensstruktur erfolgt und die Ziele des Unternehmens besonders genau berücksichtigt werden. Es ist logisch, dass Ziele und Vorhaben deutlich abgesprochen sein müssen, um vor bösen Überraschungen geschützt zu sein. Deshalb ist der Projektauftrag immer schriftlich zu verfassen und von beiden Seiten zu unterschreiben. Der Projektauftrag wird konkretisiert und vervollständigt mit folgenden Punkten:

Projektbezeichnung, Projektleitungsteam, Projektauftraggeber, Projektinhalt, Projektleitziel, Mittlerziel, Handlungsziel (konkrete Maßnahmen), Zeitplan, Meilensteine, Beginn und Ende, Zwischentermine, Art, Umfang und Zeitpunkt(e) der Dokumentation, Präsentationstermin, Ressourcenaufwand (bes. Budget), externe Expertinnen, andere Projektbeteiligte, Datum, Unterschrift.

Der Projektstart ist entscheidend für den Verlauf und das Ergebnis, daher ist die Vorprojektphase so bedeutungsvoll, auch wenn dabei viel Zeit benötigt wird. Das zahlt sich aus.

3.1 Kick-off-Sitzung zur Arbeitsmotivierung

„Und als sie ihr Ziel aus den Augen verloren hatten, verdoppelten sie ihre Anstrengungen."

(Mark Twain)

Die Kick-off-Sitzung bedeutet im Projektmanagement den Projektstart, weil es gilt, das Projektteam auf die neuen Aufgaben motivierend einzustimmen. Die Fähigkeiten der Projektleitung in Teamleitung und Moderation sind enorm wichtig und durch die Kenntnis kreativer Verfahren anzureichern. Es würde den Rahmen sprengen, vertieft auf Moderationstechniken einzugehen, dennoch verzichten wir nicht auf das Einbringen wesentlicher Grundprinzipien und kreativer Techniken, die in folgenden Abschnitt einfließen.

Wenn eine Projektleiterin sich ihr Team zusammengestellt hat, erfolgt zu Beginn der Planungsphase sinnvollerweise ein Projektworkshop oder eine Kick-off-Sitzung (siehe Glossar).

In der Motivationssitzung werden sowohl die methodischen Kenntnisse des Projektmanagements vermittelt, aber insbesondere geklärt, wer was wann macht und warum. Die Projektleitung bereitet die Moderation vor, gestaltet also das WIE der Sitzung. Die Gruppe erarbeitet das WAS. Das Projektteam der Kita ist von Anfang an an den Entscheidungsprozessen beteiligt. Unverzichtbar ist stets die Dreigliedrigkeit einer Sitzung zu berücksichtigen: (1) Informationsaustausch, (2) Problemanalyse und -lösung und (3) Entscheidungen herbeiführen und sichern.

Dabei erweist es sich als hilfreich, Fragetechniken anzuwenden, mit denen Arbeitsaufträge in vorstrukturierten Teilschritten entwickelt werden; ebenso sind Antworttechniken in visualisierter Form beispielsweise auf Kärtchen wertvolle Sammlungen von Beiträgen.

Exemplarisch werden im Folgenden mögliche Fragetechniken und ihre Wirkungen erläutert:

In der Moderation gilt eine einfache Grundregel: „Fragen statt sagen!" Da sich die Moderatorin als methodische Helferin verstehen muss und als solche den Willensbildungsprozess der Gruppe nur steuern, nicht aber beeinflussen sollte, kann ihre Arbeit nur aus einer „Fragehaltung" heraus gedeihen.

Es folgt eine Auflistung der wichtigsten Fragearten, die eine Moderatorin beherrschen sollte, um selbst gelingend fragen zu können und mit Fragen von Teilnehmerinnen kompetent umgehen zu können:

Die offene Frage

Dieser Fragetyp ist die zentrale Frage in der Moderation, da sie der Antwortenden eine völlig freie Formulierung erlaubt. Offene Fragen werden auch W-Fragen genannt, da sie mit einem Fragewort (wer, wie, was usw.) beginnen.
Beispiel: „Welche Themen möchten Sie heute bearbeiten?"

Die geschlossene Frage

Dieser Fragetyp dient weniger der inhaltlichen Arbeit, da er nur mit Ja oder Nein zu beantworten ist. Er lässt sich aber gut zur Strukturierung der Arbeit verwenden.
Beispiel: „Können wir jetzt weitermachen?"

Die Alternativfrage

Dieser Fragetyp eignet sich zur Entscheidung zwischen zwei Alternativen. Möglicherweise müssen Sie danach jedoch zu einer Abstimmung greifen, da nicht alle Gruppenmitglieder derselben Meinung sein werden.
Beispiel: „Möchten Sie jetzt eine Pause machen oder lieber später?"

Die Gegenfrage

Diesen Fragetyp können Sie verwenden, um dem Druck auszuweichen, sofort eine Antwort geben zu müssen. Hüten Sie sich allerdings vor Übertreibungen! Dieser Fragetyp kann unter Umständen sehr provozierend wirken.

Beispiel: „Wie lange wollen Sie noch auf diesem Punkt herumreiten?“
Gegenfrage: „Weshalb fragen Sie?“

Die Retourfrage

Dies ist eigentlich kein eigenständiger Fragetyp, sondern vielmehr eine Möglichkeit, mit unliebsamen oder inhaltlichen Fragen aus der Gruppe umzugehen, indem man eine Frage direkt an die gesamte Gruppe weiterleitet.
Beispiel: „Wollen Sie wirklich diese Methodik verwenden?“ – „Das ist doch Unsinn!“ – „Was meint die Gruppe dazu?“

Es gibt auch einige Fragetypen, die Sie in der Moderation nicht verwenden sollten, da es sich hierbei nicht um „echte“ Fragen handelt, sondern eher um Arten der Manipulation.

Die Suggestivfrage

Dieser Fragetypus wird oft verwendet, um die Gesprächspartnerin manipulativ zur Zustimmung zu bewegen.

Beispiel: „Sie sind doch sicherlich auch der Meinung, dass uns diese Diskussion nicht weiterbringt?“

Die Rhetorische Frage

Dieser Fragetypus wird oft verwendet, um eine Gegenmeinung bereits im Keim zu ersticken. Die Fragestellerin erwartet keine Antwort, da sich die Frage eigentlich schon durch den gesunden Menschenverstand beantwortet.
Beispiel: „Ist uns nicht allen klar, dass es so nicht weitergehen kann?“

Die Moderatorin ...

- stellt ihre eigenen Meinungen, Ziele und Werte zurück. Sie bewertet weder Meinungsäußerungen noch Verhaltensweisen. Es gibt für sie kein „Richtig“ oder „Falsch“ während der Moderation;
- nimmt eine fragende Haltung ein und keine behauptende. Durch Fragen aktiviert und öffnet sie die Gruppe füreinander und für das Thema;
- ist sich ihrer eigenen Einstellung zu Menschen und Themen, ihrer eigenen Stärken und Schwächen bewusst und übernimmt für sich

die Verantwortung. Sie hilft damit auch den Teilnehmerinnen möglichst selbstverantwortlich zu reagieren;
- fasst alle Äußerungen der Gruppe als Signale auf, die ihr den Gruppenprozess verstehen helfen, und versucht, den Teilnehmerinnen ihr eigenes Verhalten bewusst zu machen, sodass Störungen und Konflikte bearbeitet werden können – ohne moralische Appelle auszusprechen;
- diskutiert nicht über die Methode, sondern wendet sie an;
- rechtfertigt sich nicht für ihre Handlungen und Aussagen, sondern klärt die Schwierigkeiten, die hinter Angriffen und Provokationen stehen;
- arbeitet im Normalfall immer zu zweit, da sowohl die Technik der Moderation als auch die Beziehungssituation die Zusammenarbeit notwendig machen. In Ausnahmefällen, wie bei Spontanmoderationen oder bei Kurzmoderationen kann auch einmal eine Einzelne moderieren.
- ihre eigene Meinung von der zu moderierenden Gruppe zu trennen und Neutralität zu bewahren.

Wenn die Projektleiterin inhaltlich und/oder organisatorisch mit der Gruppe verbunden ist, wie dies in Projektteams in sozialen Unternehmen häufig der Fall ist, und daher auch einen eigenen Standpunkt einzubringen hat, muss sie jeweils sichtbar machen, wann sie in der Funktion der Moderatorin den Prozess steuert und wann sie als Teil der Gruppe ihre eigene Meinung äußert. Dies hilft, Rollen klar zu halten und Konflikten vorzubeugen.

Neben den Sachelementen sind die Kommunikationsprozesse zu strukturieren. Beteiligung wird geregelt und angeregt (z. B. kann ein Teammitglied direkt an den Stärken angesprochen werden). Moderation ist eine Haltung und bedeutet die Übernahme der Prozessverantwortung. Insbesondere im Projektverlauf, also einem längeren, aber begrenzten Entwicklungsverlauf ohne differenzierte Kenntnis der Ergebnisse und Lösungswege, bedarf es der sensiblen Planung und Strukturierung jeder Sitzung. Die Wirksamkeit wird durch den Einsatz anregender und vielseitiger Arbeitsformen optimiert. Die Qualität der Prozesse gelingt zusammengefasst durch:
- eindeutige Zielsetzungen
- klare Anleitungen

- schriftliche Aufträge
- sichern der Protokolle/Ergebnisse
- eindeutige Zeitvereinbarungen
- überlegte Methoden
- Regulierung der Beteiligung (Eermuntern, bremsen, Rückfragen erlauben, Unterstützung anbieten)

Es ist ratsam, die Mind-Map-Methode als Strukturierungshilfe zu nutzen, die im Folgenden exemplarisch vorgestellt wird:

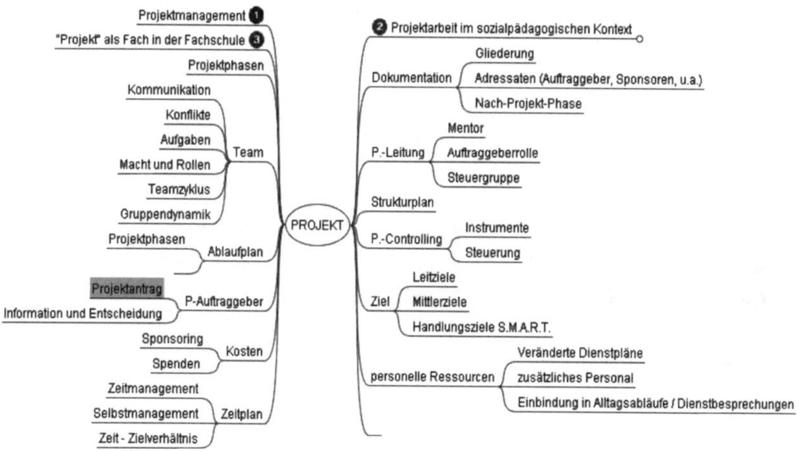

Mindmaps enthalten das zu bearbeitende zentrale Thema in der Mitte des Blattes. Es wird möglichst genau formuliert und/oder als Bild dargestellt. Nach außen sind verschiedene Hauptäste (Hauptkapitel) mit weiteren Unterästen (Unterkapitel), die die dazugehörenden Informationen exemplarisch darstellen. Auf den Ästen steht immer nur ein Wort (Schlüsselwort). Bei der Erstellung sollen/können Farben und Bilder benutzt werden, um der kreativen Arbeitsweise des Gehirns gerecht zu werden, und um die Mindmap schneller lesen und überblicken zu können. Mindmapping kann zum Beispiel eingesetzt werden zur einfachen Ideensammlung, dem Brainstorming, zur Erfassung und dem Strukturieren komplexer Inhalte, wie dies bei Projekten der Fall ist.

Für die Projektvorbereitung ist das Mindmapping deswegen gut geeignet, da in kreativen, gemeinsamen Schritten eine möglichst griffige Darstellung des Arbeitsstoffes realisiert wird.

Beim Aufbau der Mindmap sollten einem Ast nicht mehr als 7 Unteräste zugeordnet werden. So lassen sich auch umfangreiche Informationen klar und übersichtlich ordnen.

3.2 Projektstrukturplan, Arbeitspakete/Meilensteinplan

Das arbeitsfähige Projektteam entwickelt den *Projektstrukturplan*. Der Projektstrukturplan strukturiert das Projekt in Teilaufgaben und Arbeitspakete (Meilensteine). Er orientiert die Arbeitspakete an den Mittlerzielen, bestimmt die Dauer und die Zeiten für die Meilensteine, legt Abhängigkeiten voneinander fest, ermittelt Personal- und Sachkosten und stellt die Finanzierung sicher.

Checkliste für das Erstellen eines Projektstrukturplans:

Was? **Ist der PSP vollständig?**	**Stichpunkte und Anmerkungen**	✔
Wurden die in der Institution gültigen Standards berücksichtigt?		
Wurden die Vorschläge und Wünsche aller Teammitglieder berücksichtigt?		
Wurde auf eine Trennung von ergebnis- und verfahrensorientierten Projektstrukturen geachtet?		
Dient jedes Arbeitspaket der Erreichung des Projektziels?		
Ist jedem Arbeitspaket genau eine Verantwortlichkeit zugeordnet?		
Sind die Ergebnisse für jedes Arbeitspaket genau und nachvollziehbar definiert?		
Sind die notwendigen Voraussetzungen zum Erbringen der Ergebnisse für jedes Arbeitspaket genau definiert?		
Ist der PSP auch für Außenstehende nachvollziehbar?		

Im Projektstrukturplan geht es darum, die vormals vage Zielvorstellung zu bereinigen, sie systematisch zu strukturieren und auf Vollständigkeit zu überprüfen und sie anschließend zu ergänzen und in eine verbindliche Form zu bringen.

Grundsätzlich gibt es drei verschiedene Stoßrichtungen für Ziele:
1. Positive Entwicklung, z. B. Erhöhung der Anschlussfähigkeit von der Kita in die Schule
2. Vermeiden einer negativen Entwicklung, z. B. Vorwegnahme schulischer Lerninhalte, Einsatz unreflektierter Arbeitsbögen
3. Bewahrung eines Zustandes, z. B. Beibehalten der vorhandenen Qualitätsstandards

Der Projektstrukturplan hat zum Ziel, das Projekt ganzheitlich in all seiner Komplexität darzustellen, gleichzeitig aber durch die Beschränkung auf die wichtigsten Punkte Übersicht zu gewähren. Die Unterteilung in Arbeitspakete erleichtert die Kostenplanung und die Kontrolle der Kosten. Gleichzeitig erfolgt mit den Meilensteinen bereits eine Orientierungsgröße für die Dokumentation und die im Projektverlauf zu leistende Kommunikation (Protokolle, Statusbericht, Controlling) der Projektteilnehmer. „Nach DIN 69901 ist ein Projektstrukturplan (PSP) die Darstellung einer Projektstruktur. (...) Das Projekt ist hierarchisch in Teilaufgaben und Arbeitspakete strukturiert" (Peipe 2005, 62).

Es bietet sich zur Übersicht an, als Erarbeitung eine grafische Darstellung vorzunehmen, wobei darauf zu achten ist, dass nicht mehr als nötig an Details in den PSP aufgenommen wird. Die Detaillierung erfolgt im Projektablaufplan. Der **Projektablaufplan** zeigt den genauen Ablauf der Einzelvorhaben und Termine auf und ordnet Personal und Sachmittel zu.

Auch wenn Details fehlen, muss der PSP praktikabel sein, was bedeutet, wichtige Regeln zu beachten. Schelle empfiehlt, dass es für jedes Arbeitspaket eine Verantwortliche geben sollte. Wenn jedoch die Arbeitspakete prozesshaft voneinander abhängig sind, erweist sich diese Regel als nicht sinnvoll.

Projektstrukturplan EASE

Die Projektleiterinnen BP und LAA konnten mittels der differenzierten Zielüberlegungen sehr schnell **Arbeitspakete** „schnüren" und eine Struktur dafür entwickeln, woraus dann der **Ablaufplan** leicht abzuleiten war.

Obwohl EASE sich zweimal an einem ganzen Schuljahr orientierte, war für die Studierenden das wesentliche **Arbeitspaket** die Umsetzung des entwickelten Materials. Hier zeigte sich, dass besonders eine genaue Planung wichtig ist, denn alle institutionellen Vorgaben mussten abgesprochen und beachtet werden. Kolleginnen, Kinder und Eltern benötigten absolute Terminsicherheit.

Fortbildungen waren ebenso bereits frühzeitig festgelegt und bildeten Eckpunkte in der Planung, während das Literaturstudium oder Tandembesprechungen flexibel zu gestalten waren. Nur bei einem Strukturplan über die gesamte Projektlebenszeit ließen sich Prioritäten, Abhängigkeiten oder Parallelen von Arbeitspaketen erkennen und die Termine für den Projektablaufplan erstellen.

Mit Hilfe der Arbeitsblätter und der Mind-Map-Methode lassen sich die Arbeitspakete anschaulich strukturieren und an den Mittlerzielen orientieren.

Aufgaben, die nach außen vergeben werden, sind grundsätzlich als eigene Arbeitspakete auszuweisen und einer Verantwortlichen zu übertragen, z. B. die Abwicklung des Kontraktes mit einer externen Beratung mit Zeit, Ziel, Kosten und Vorhaben. „Für jedes Element des Projektstrukturplans sollte die Formulierung einer klaren Spezifikation möglich sein. Die Leistung, die durch ein Arbeitspaket erbracht wird, muss von den anderen Arbeitspaketen eindeutig abgrenzbar sein. Nur so sind zuverlässige Aussagen über den Projektfortschritt möglich. Die für das Arbeitspaket geplante Zeit sollte verglichen mit der Projektdauer nicht zu groß sein, da sonst die Gefahr besteht, dass Terminverzug zu spät erkannt wird und keine wirksamen Maßnahmen der Gegensteuerung mehr möglich sind" (Schelle, 2001, 118). Ein gelungener Strukturplan erleichtert den Übergang zum Ablauf- und Terminplan.

Es ist also genau zu klären, was zu tun ist, dann ist zu benennen, wer es tut; es wird festgelegt, warum genau das, also was soll erreicht werden (Ziel), jetzt wird die genaue Zeit (von – bis/Personalstunden) festgelegt, in der dieses Paket abgearbeitet wird, und zuletzt werden Ressourcen wie Material, Geld, Raum usw. konkret geplant. Die Meilensteinpläne werden nach Möglichkeit grafisch dargestellt. Der Einsatzmittelplan ist die zeitliche und logische Zuordnung des Bedarfs im Ablauf der Meilensteine. Die Einsatzmittelübersicht kann sowohl grafisch wie auch tabellarisch vorgenommen werden.

Formular Arbeitspaket

<table>
<tr><td>Projektname:</td><td>Teilverantwortliche</td><td>Datum:</td></tr>
<tr><td>Arbeitspakettitel:</td><td colspan="2">PSP-Nr.:</td></tr>
<tr><td colspan="3">Arbeitspaketbeschreibung:</td></tr>
<tr><td>Ziele (Welche Leistungen sollen erbracht werden?):</td><td colspan="2">Verantwortlich:
Start:
Ende:</td></tr>
<tr><td colspan="3">Ergebniserwartung:</td></tr>
<tr><td colspan="3">Schnittstellen zu anderen Arbeitspaketen/Meilensteinen:</td></tr>
<tr><td colspan="3">Aktivitäten/Termine:</td></tr>
<tr><td colspan="3">Voraussetzungen für das Arbeitspaket:</td></tr>
</table>

Aufwand: ... Std. Kosten: ... EUR	Anlagen:
Sonstiges:	
Unterschrift Projektleitung:	
Unterschrift Arbeitspaketverantwortliche:	

Beispiel Balkendiagramm zur Visualisierung von Zeiten, Arbeitspaketen, Abhängigkeiten, Zielhierarchien:

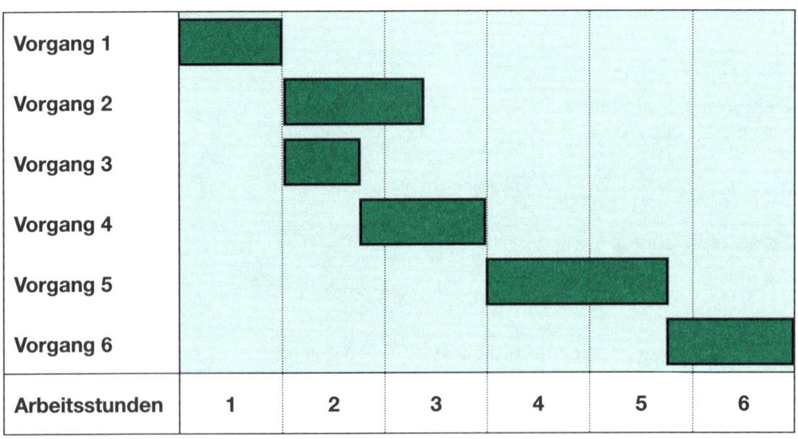

Arbeitspakete/Meilensteine/Abläufe können in solche Balkendiagramme integriert werden, wobei jeweils am Ende eines oder mehrerer zusammenhängender Balkendiagramme ein Meilenstein steht (je nach Anzahl der abzuarbeitenden Arbeitspakete). Jeder Meilenstein steht für das Ende einer Projektphase.

3.3 Kostenplan

Die Ablauf- und Zeitplanung ist nun erfolgt (vgl. Magisches Dreieck). „Sie [die Ablauf- und Zeitplanung; d. Vf.] hat die Aufgabe, alle für die Projektdurchführung erforderlichen Tätigkeiten zu erfassen, die Abhängigkeiten der Tätigkeiten voneinander aufzuzeigen, die Durchführungszeiten der Tätigkeiten abzuschätzen und des Gesamtprojektes festzulegen, die Bezüge zwischen Kosten- und Einsatzmittelplanung herzustellen. Die Kostenplanung des Projektes muss jederzeit über die voraussichtlichen Kosten der nachfolgenden Planungsphasen und über die wahrscheinlichen Kosten der Realisierung und Verwendung fundiert Auskunft geben können. Die Kostenplanung beinhaltet die Kostenschätzung, ihre Verteilung über die Bearbeitungszeiträume und ihre Verknüpfung mit den Terminen“ (KGSt 1998). Die im Projekt anfallenden Kosten sind unterteilt in fixe Kosten, die stets anfallen (z. B. Miete, Betriebs- und Personalkosten) und variable Kosten, die erst mit Inanspruchnahme dieser jeweiligen Ressource anfallen (Fremdhonorare in Krisensituationen oder zur Einführung von PM, Büromaterial, Reparaturen). So wird der Kostenplan erstellt. Dann folgt die Ermittlung der Kosten für die einzelnen Kostenpakete. Hilfreich ist das folgende Formular:

Arbeitspaketkosten				
Projekt-Nr.:	Projektbezeichnung:		Projektleiter:	
AP-Nr.:	Arbeitspaketbezeichnung		AP-Verantwortlicher:	
Art der Kosten	Ressource	Einheiten	Kosten pro Einheit	Kosten Gesamt
Personalkosten				
Materialkosten				
Fremdleistungskosten				
Sonstige Kosten				
Gesamtkosten				
Projektleiter			AP-Verantwortlicher	

Die detailliert geschätzten Kosten der nachfolgenden Phase dienen als Sollvorgaben für die Kostenkontrolle in der Realisierungsphase.

3.4 Rollenkonfigurationen und Kommunikationsplan

Damit die Projektleiterin das geplante Verfahren sinnvoll steuern und frühzeitig prüfen kann, ist ein Kommunikationsplan unerlässlich.

Alle wesentlichen Teile des PSP finden sich im Projektauftrag wieder. Deutlich wird bei der Ermittlung der Rollen der einzelnen Projektmitglieder, warum die klare Formulierung so wichtig ist.

Der Auftraggeber ist in den meisten Fällen, insbesondere in sozialen Projekten auch Entscheider über das Budget. Seine Funktion ist entweder in der Leitung oder der Bereichsleitung angesiedelt. Daraus leitet sich eine Verantwortung ab, die positiv oder auch negativ zu sehen ist. Für Mitarbeiterinnen besteht darin ein Schutz, eine Rückendeckung im Projektverlauf. Wenn die Rolle mangels Zeitressource nur formal wahrgenommen wird, so ist im Projektteaminteresse darauf zu achten, dass ein Mentor oder ein Lenkungsausschuss bestellt/delegiert wird. Als kritischer Erfolgsfaktor wird die Rolle dann identifiziert, wenn es heißt: „Macht mal!"

Wesentliche Funktionen implizieren die Rolle des Auftraggebers:
- Durchsetzung und Vermittlung der strategischen Unternehmensinteressen gegenüber dem Projektteam
- Kontextbesprechung/Risikoanalyse
- Rückendeckung für Projekt und Projektleitung
- Festlegung der Entscheidungsbefugnis (personelle u. materielle Ressourcen)
- Absprache bei der Prioritätensetzung und Vereinbarung von Meilensteinen
- Entscheidung über die Ressourcenzuteilung (Geld) und Kontrolle
- Kommunikation und Information der Projektrahmendaten im Unternehmen
- Kontrolle der Zielerreichung durch Erstellung eines Kommunikationsplans
- Unterstützung bei Implementierung

Der Lenkungsausschuss (Gremium) oder der Mentor (Person) übernimmt die Auftraggeberrolle in Delegation. Die Mitglieder des Lenkungsausschusses (etwa Kirchenvorstand oder Fachberatung) sind nicht in jedem Fall Entscheidungsträger, wichtiger jedoch ist, dass sie über genügend Zeit, Willen und Einfluss verfügen, um das Projekt zu fördern.

Die Projektleitung führt das Projekt mit ihrem Team nicht als Selbstzweck, sondern hat das gesamte weitere Umfeld der Institution im Blick (Team, Träger, Kunden). Bedeutungsvoll für den Projekterfolg sind neben der selbstverständlich transparenten Planung die Beachtung und Integration der Fachbereiche auch außerhalb des Projektes, nämlich dem Netzwerk der Institution (etwa Personalrat, Frauen-, Gleichstellungs- oder Schwerbehindertenbeauftragte). So ist es möglich, Konflikte, die hier auftreten, über den Auftraggeber oder seine Delegierten zu lösen. Manchmal entstehen regelungsbedürftige vorübergehende Beteiligungen im Projektverlauf, die jedoch deutlich zeitlich und sachlich zu begrenzen sind. Projektmanagement soll die Arbeit effizienter machen. Jede erkannte und nicht geklärte Schnittstelle kann zu Kosten-, Zeit- und Qualitätsproblemen und somit zur Gefährdung des Projekterfolgs führen. Projektmanagement ist eine Führungsaufgabe, die sich umso komplizierter gestaltet, je unklarer die Führungsrolle geklärt ist. Im Ganzheitlichen Projektmanagement finden daher Aspekte einer konstruktiven Kommunikation, sozialen Gruppendynamik und eines Konfliktmanagement durchgängig wesentliche Beachtung. Dabei ist die Unterstützung durch die Entscheider im Projektumfeld unverzichtbar.

Um Wege kurz und das Informationswesen sinnvoll zu gestalten, ist der Kommunikationsprozess ein wichtiges Planungselement und möglichst überschaubar in den PSP einzuordnen. Die detaillierte Informationsstruktur gewährleistet, dass wichtige Informationen rechtzeitig und zuverlässig an alle Beteiligten weitergegeben werden. Hierbei dient der Projektleiter als Informationsknoten, d. h., dass alle wichtigen Informationen über ihn laufen. Die folgende Informationsflussmatrix nach Schmitt et al. (2002) zeigt exemplarisch Näheres am Projekt EASE auf:

Wer mit wem, wann	Nationale Koordinatorin	Projektteam	Auftraggeber	Mentoren/ Lenkungsausschuss	Berufskolleg	Studienseminar Koordinationspartnerin	Projekt leiterin
Nationale Koordination Berufskolleg					x	x	x
Studienseminar Koordinations partnerin	x					x	x
Projektleiterin BP	x			x	x	x	x
Projektleiterin LAA		x			x	x	x
Team Kita Kollegium Schule/ OGS Eltern		x				x	
Praxisbegleiterin Berufskolleg Seminarbegleitung							x

Wer an wen?	Projektleiter	Projektteam	Auftraggeber	Mentoren/ Lenkungsausschuss
Projektleiter				
Projektteam/ Arbeitspaketverantwortliche				
Auftraggeber				
Mentor(en)/ Lenkungsausschuss				

Weiterhin ist festzuhalten, wie die Dokumentation aufgebaut ist, wer dafür verantwortlich ist und welche Arbeitshilfen (Software, Formulare) benutzt werden. Die Dokumentationsform ist ebenfalls zu standardisieren, um die erworbenen Erkenntnisse vergleich- und verwertbar zu machen.

Zusammenfassend werden der Projektleiterin folgende Aufgaben unterstellt:

- Die Klärung der Zielvorgaben und die Überprüfung der Realisierbarkeit der Ziele (S.M.A.R.T.)
- Die Festlegung einer Struktur- und Ablauforganisation für das Projekt
- Die Planung, Steuerung und Überwachung des Projektes
- Die Entscheidung über Lösungsalternativen bezüglich Projektgegenstand und Vorgehensweise (Meilensteine)
- Die Beschaffung erforderlicher Ressourcen und Vergabe von Aufgaben und Teilaufträgen (Meilensteine)
- Die Koordination, Führung und Motivation aller beteiligten Projektmitglieder
- Die kontinuierliche Rücksprache mit dem Projektausschuss bezüglich des Fortgangs des Projektes (vgl. Schmitt et al. 2002)

4

Realisierungsphase

4 Realisierungsphase

„Wir sind nicht nur für das verantwortlich, was wir tun, sondern auch für das, was wir nicht tun."

(Molière).

Im letzten Abschnitt wurde bereits deutlich, wie die Planung eine Realisierung erst möglich macht und alle Projektbeteiligte in den Steuerungsprozess einbezieht. Die Planung ist mit dem Auftraggeber abgesprochen und durch ihn freigegeben, die Arbeitspakete sind verteilt und der Kommunikationsplan erstellt, also wer an wen Informationen weiterleitet. Der Umsetzungsprozess läuft.

Projektsteuerung bedeutet für die Projektleitung:
- mittels der Informationsmatrix Sitzungstermine für die Beteiligten absprechen und allen zugänglich machen;
- „Knotenpunkt" der Informationen sein, also in alle Richtungen Transparenz herstellen;
- Projektzielgrößen (Zeit, Kosten, Qualität) integriert betrachten.

Aufgaben, die sich daraus ergeben:
- Ist-Daten erfassen (Termine, Stunden, Kosten);
- Überwachung durch Plan/Istvergleiche;
- Abweichungen kommunizieren und analysieren;
- Planalternativen einleiten;
- Information, Moderation und Dokumentation (Statusberichte).

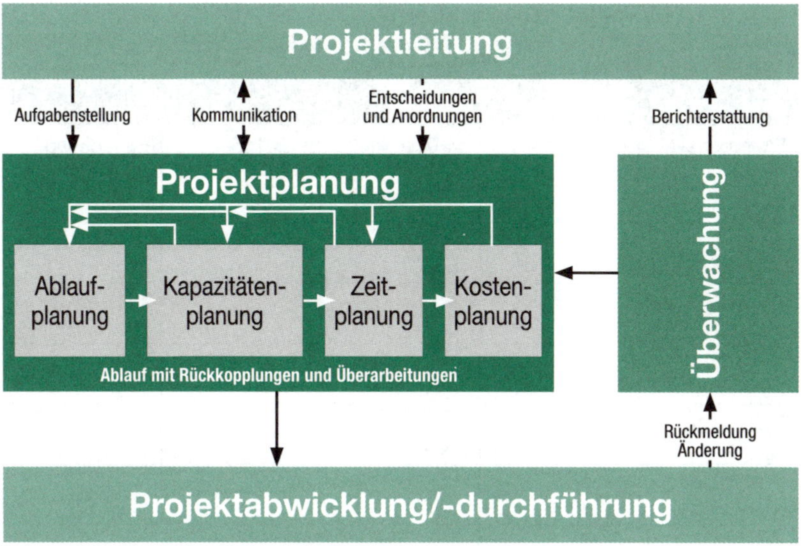

Projektcontrolling nach Schmitt et al. (2002, S. 66)

4.1 Steuerungsverfahren

Wie bereits in der Planung verdeutlicht, sind frühzeitige Informationen über Abweichungen nötig, um sinnvoll steuern zu können. Dies geschieht in Statussitzungen und durch Statusberichte, also am Prozessverlauf der Umsetzung orientiert. Veränderungen der Abschlusstermine, der Kosten und Stundeneinsätze werden mit dem Auftraggeber kommuniziert, da der Einfluss auf alle Teile des Projektes und der gesamten Kita deutlich analysiert und entsprechend in Absprache gesteuert werden muss.

Die Steuerung lässt sich am besten mit Tabellen und Diagrammen verdeutlichen und für die Statussitzungen transparent darstellen.

Berichts- und Kommunikationspläne sind bereits in der Projektstartsitzung grob zu erstellen, damit die Verantwortlichen auf ihre Aufgaben frühzeitig eingestimmt sind.

Formular: Meilensteinplan und Abweichungen mit Beispiel

Meilenstein	Erwartetes Ergebnis	Plantermin	Isttermin	Gründe für die Abweichung
Elternbefragung	Kundenbedarfe	4/2011	6/2011	Erkrankung der Verantwortlichen

Formular: Kommunikations- und Sitzungsplan mit Beispiel

Kommunikation	Wer?	Beteiligte	Wann und wo?	Form
Erforderliche Terminplanänderung und Einfluss auf das Ergebnis	Projektleiterin	Auftraggeber Projektteam Meilensteinverantwortliche	30.7.2011 10–12 Uhr Kleiner Konferenzraum Kita Mühlenweg	Moderation Gespräch Protokoll

Formular: Berichtsplan mit Beispielen

Dokument	Von wem?	An wen?	Wann?	Form
Protokoll der Sitzung …				
PPP				Präsentation
Kostenbericht				Tabelle als Tischvorlage
Statusbericht	Projektleiterin s. u.	Lenkungs-ausschuss Auftraggeber	alle 3 Monate	Papier oder Präsentation
Arbeits-paketbericht	Verant-wortlicher	Projektleiterin	nach AP-Ende	Papier

4.2 Arbeitspaketbericht und Statusbericht

Ein unverzichtbares Steuerungsinstrument ist der Arbeitspaketbericht, den jede Verantwortliche für einen Meilenstein nach dem abgesprochenen Berichtsplan zu erstellen hat.

Formular: Arbeitspaketbericht

<table>
<tr><td colspan="2">Arbeitspaketbericht</td><td colspan="2">Datum:</td><td colspan="2">Seite ... von ...</td></tr>
<tr><td colspan="2">Projektleiter:</td><td colspan="2">Projekt:</td><td colspan="2">Berichtszeitraum:</td></tr>
<tr><td colspan="2">AP-Verantwortlicher:</td><td>Arbeits-
beteiligte:</td><td>Beginn:

Ende:</td><td colspan="2">Bezeichnung:</td></tr>
<tr><td>Vorgang</td><td>Tatsächl. Start</td><td>Tatsächl. Ende</td><td>Fertig-
stellungs-
stand</td><td>Vorauss. Ende</td><td>Maßnah-
men bei
Abwei-
chungen</td></tr>
<tr><td></td><td></td><td></td><td></td><td></td><td></td></tr>
<tr><td></td><td></td><td></td><td></td><td></td><td></td></tr>
<tr><td></td><td></td><td></td><td></td><td></td><td></td></tr>
<tr><td colspan="6">Besondere Probleme/Schwierigkeiten:</td></tr>
<tr><td colspan="6">Aktivitäten im nächsten Berichtszeitraum:</td></tr>
<tr><td colspan="2">Datum:</td><td colspan="4">Unterschrift AP-Verantwortlicher</td></tr>
</table>

Formular: Statusbericht

<table>
<tr><td colspan="2">Statusbericht</td><td colspan="2">Datum:</td><td>Seite ... von ...</td></tr>
<tr><td colspan="2">Projektleiter:</td><td colspan="2">Projekt:</td><td>Berichtszeitraum:</td></tr>
<tr><td colspan="5">Trend</td></tr>
<tr><td>Leistung</td><td colspan="2"></td><td colspan="2" rowspan="3">↑ Verbesserung
● gleichbleibend
↓ Verschlechterung</td></tr>
<tr><td>Termine</td><td colspan="2"></td></tr>
<tr><td>Kosten</td><td colspan="2"></td></tr>
<tr><td colspan="3">Status Leistung/Qualität:</td><td colspan="2">Maßnahmen bei Abweichung:</td></tr>
<tr><td colspan="3">Status Termine:</td><td colspan="2">Maßnahmen bei Abweichung:</td></tr>
<tr><td colspan="3">Status Kosten:</td><td colspan="2">Maßnahmen bei Abweichung:</td></tr>
<tr><td colspan="5">Aktivitäten im nächsten Berichtszeitraum:</td></tr>
</table>

Der Statusbericht ist von der Projektleitung zu erstellen und entsprechend der Kommunikationsplanung vorzulegen. Er zeigt den aktuellen Status hinsichtlich Qualität, Termin- und Kostensituation auf. Zudem werden Abweichungen zwischen den Berichtszeiträumen verdeutlicht und die zur Steuerung ergriffenen Maßnahmen dargestellt. Regelmäßige Informationen durch die Projektmitarbeiterinnen sind also unerlässlich. Arbeitspaketberichte erfolgen nicht nur am Ende. „Der Arbeitspaketbericht enthält Informationen über

- den zu berichtenden Zeitraum,
- die Vorgänge, die umzusetzen sind,
- die geplanten Termine,
- die aktuellen Termine,
- den Fertigstellungsgrad,
- eventuelle Abweichungen und
- Maßnahmen, die umgesetzt wurden“

(Peipe 2003, 108).

Im Projekt EASE erfolgte ein Statusbericht der Koordinatorin an die Bezirksregierung, aber auch der Projektleitungen BP und LAA an die Koordinatorin, die Projektberatung, die Institutionsleitung und an die Projektbeteiligten auf gleicher Ebene. Mindestens zweimal erfolgte ein Zwischenbericht als „Markt der Projektideen“ und „Präsentation der Projekte“. Ausgewählte Projekte wurden auch im Prozess exemplarisch bei Veranstaltungen zur Fortbildung vorgestellt.

	Ziel 1	Ziel 2	Ziel 3	Ziel 4
	Stärkung der inhaltlichen Bildungskontinuität zwischen Kita und Schule	Intensivierung des Dialogs zwischen allen Bildungsbeteiligten	Durchführung von institutionsübergreifenden Lernprojekten in early literacy	Dokumentation der individuellen Bildungsprozesse der Kinder als Grundlage zum lebenslangen Lernen
bisherige Aktionen (punktuell; kontinuierlich)	10/08 Tandem-Seminar (30TN) 11/08 Bildungs- und (Lerngeschichten (20TN) 9/09 Seminar Tandem und Seminarleiterinnen Projektmanagement (30TN) 10/09 Seminar Bildungs- und Lerngeschichten offen für alle Beteiligten (Schaaf-Peitz) (20 TN) Besuch der Veranstaltungen der Projektpartner	11/09 und 3/10 Konferenzen mit der Fachgruppe, die die BP betreuen (10TN) Mailinfo aller Schreiben an alle Beteiligten (Verteiler 50) 11/08 Vorstellung Konzeption EASE-Projekt (90 TN) Praxisbesuche der Koordinatorin und der Fachkolleginnen des BK Fachbegleitung der Seminarleiterinnen	12 Projekte werden im Prozess durchgeführt : 6 Berufspraktikantinnen und 6 Lehramtsanwärterinnen (rd. 100 Kinder/ 6 Grundschulen, 10 Kita-Teams) Entsprechend beteiligte Kinder in Kita und Grundschule 9/09 Symposium Von der Kita in die Grundschule Dr. Weinrisch Frau Niesel (250 TN) Abschlussveranstaltung 30.06.2010	Bildungs- und Lerngeschichten und Protokolle in den 12 Projekten (kontinuierlich) Vielfältige Literaturangebote zw. Dokumentation 10/09 Seminar Tandem Bildungs- und Lerngeschichten intern BK
Disseminationsaktivitäten	Literatureinstellung in der Bibliothek Unterrichtsvertiefung in den Eingangsklassen und Oberstufen 2 x Seminar zu Bildungs- und Lerngeschichten für Unter-, Oberstufe und Teilzeitklassen	Einladung aller Beteiligten zu Feierlichen Präsentationen Abschlussveranstaltung für die TN und die Öffentlichkeit im System (250 tn) – 2 Fachvorträge	4/09 Bericht der 1. Projektphase 1/10 Strukturplan 2. Projektverlauf	5/09 Präsentation Dies Academicus Katho Köln 6/09 Präsentation und Zertifizierung 01/10 Präsentation und Zertifizierung

	Ziel 1	Ziel 2	Ziel 3	Ziel 4
Bewertung der bisherigen Aktivitäten im Hinblick auf die Erreichung der Ziele	Zusammenarbeit im Tandem positiv Implementierung der Bildungskontinuität zeigt sich derzeit noch als schwierige Aufgabe für die BP oder LAA	Die Kita- und Grundschulkolleginnen werden von den Multiplikatoren (LAA und BP) im Projekt z.T. erreicht, die Eltern hingegen noch nicht Der Dialog zwischen Erzieher- und Lehrerausbildungskollegium hat sich gut entwickelt.	Strukturelle Bedingungen erschweren die Kontinuität (Entfernung u. Fahrtbegleitung/ unterschiedliche Kita-Kinder in unterschiedliche Schulen/ konzeptionelle „Gewohnheiten“) Abschluss zeigt deutliche Verbesserungen in der Kooperation auf und unterstützt die Kinder im Transitionsprozess nachhaltig.	Träger geben sehr verschiedene Dokumentationsverfahren vor, erschwert das Einlassen und Vertiefen der Bildungs- und Lerngeschichten.
Grenzen und Möglichkeiten	Die Ausbildungsstätten können intervenieren, die Träger der Institutionen sind jedoch die wesentlich Verantwortlichen in dem Prozess. Es bedarf einer Teamfortbildung in Kita und Grundschule zur gemeinsamen Entwicklung von Standards im Konzeptionsprozess Die Grenze des BK ist die Auswertung und Präsentation der Ergebnsse in der Abschlussveranstaltung	Besonders schwierig erscheint die Einbeziehung der Familien in den Bildungsprozess. Eine wesentliche Chance erweist sich durch Inklusion aller Familiensysteme statt Ausgrenzen durch Separieren	s. 1 und 2	Die Formen der Bildungs-Dokumentation sind zu überprüfen und zu modifizieren : - Wahrung der Persönlichkeit - Schutz der Persönlichkeit und des Systems der Familie - Berücksichtigung der Selbstbildung (Stärken- u Ressourcenorientierung)

4.3 Kreislauf des Projektcontrolling

Das vorgestellte Phasenmodell mit dem jeweiligen Controllingverfahren, nach dem sich ein Projekt in fünf Phasen gliedert, bleibt nicht ohne Kritik bei Praktikern. Das komplett geplante Projekt erweist sich insbesondere bei zeitlich ausgedehnten Projekten als zu zeitintensiv durch das Controllingverfahren und wird somit unübersichtlich.

Alternativen lassen sich finden durch Bildung mehrerer Teilprojekte. So könnte ein 3-Jahres-Projekt in Jahresziele aufgeteilt sein und der Steuerungsfokus jeweils auf einem Jahr liegen. Das Projektmanagementmodell fände in dem Fall dann dreimal hintereinander aufbauende Anwendung (vgl. Projekt EASE).

Hingegen können kleine Projekte vereinfacht dargestellt werden, indem aufwendige grafische Planungen wegbleiben, sodass die in einem Arbeitspaket anfallenden Arbeiten nur aufgelistet und abgehakt werden.

Eine besondere Problematik und Herausforderung entsteht für die Projektleitung, wenn Projektkrisen auftreten. *Neubauer* (1999) hat sich besonders mit Projektkrisen befasst und weist auf wesentliche Kriterien für eine Krise hin:

- Kostenschätzungen werden immer wieder nach oben revidiert
- Meilensteintermine werden immer wieder verschoben
- Mitarbeiterinnen verlassen das Projekt
- Auftraggeber bringen immer wieder Änderungswünsche ein
- Vorgänge im Projekt werden nicht abgeschlossen

Dennoch sind Krisen nicht immer vermeidbar und müssen somit behoben werden. Nach dem Vorgehensmodell von *Neubauer* geht es vor allem darum, die auftretenden Problemstellungen hinsichtlich des Projektziels neu zu formulieren und den Blickwinkel darauf zu verändern. Jedoch ist Hilfe von außen notwendig, da die Projektverantwortlichen (Auftraggeber und Auftragnehmer) oftmals durch Betriebsblindheit panisch werden und unkonventionelle Problemlösungsmöglichkeiten nicht mehr wahrnehmen können.

Wichtig ist die Formulierung/Orientierung an den Zielen, Kosten und

Ressourcen, damit die Messbarkeit erhalten bleibt und die Qualitätsoptimierung weiter verfolgt werden kann.

Die folgende Grafik nach Schmitt et al. 2002 zeigt zusammenfassend den Projektcontrollingkreislauf auf:

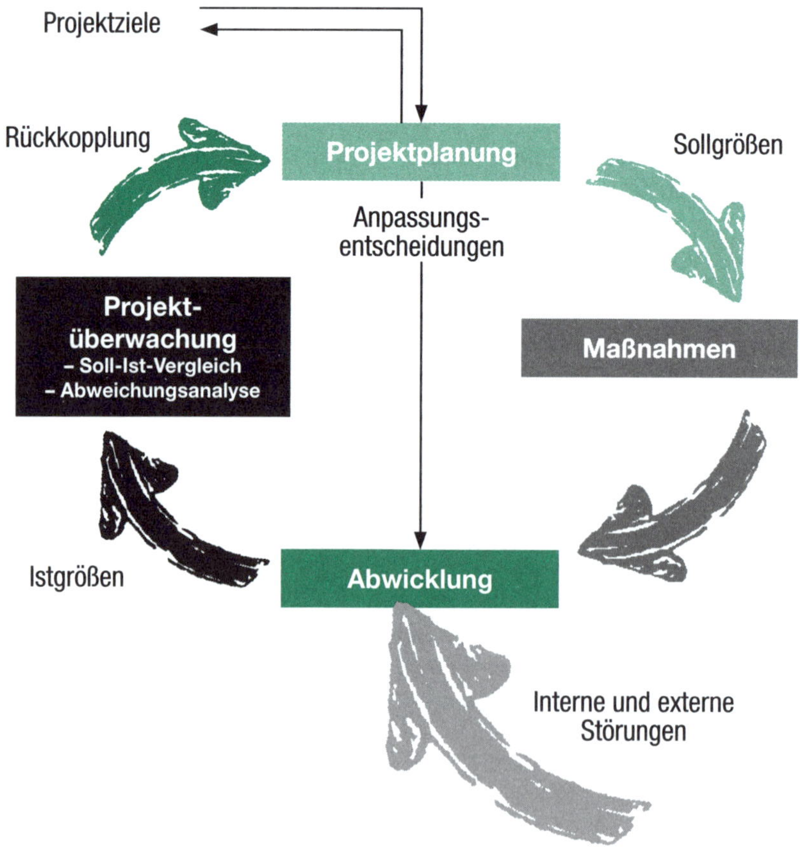

5

Projektabschluss

5 Projektabschluss

Dieses Kapitel behandelt die fünfte Phase im Projektlebenszyklus, den Projektabschluss. Doch auf die Frage wann oder wodurch ein Projekt denn auch beendet ist, sind interessanterweise mehrere Antworten denkbar. Möglicherweise ist das Projekt dann beendet, wenn

- die Projektziele erreicht wurden
- alle Beteiligten mit dem Projektergebnis zufrieden sind
- der Fertigstellungstermin abgelaufen ist
- das Budget aufgebraucht ist
- das Interesse der Beteiligten am Projektergebnis erlahmt ist oder
- die letzte Projektmitarbeiterin das Projekt verlassen hat

Diese verschiedenen Bedingungen fallen, sofern das Projekt nicht klar strukturiert und geplant ist, nur selten auf ein und denselben Zeitpunkt mit dem negativen Effekt, dass Projekte dann oft stillschweigend enden oder gar im Sande verlaufen. Der Projektbeginn ist wesentlich leichter zu identifizieren als das Projektende. Denn normalerweise beginnen Projekte mit einer Kick-off-Veranstaltung und erhalten gerade in dieser Phase die meiste Aufmerksamkeit. Der Projektabschluss sieht in der Regel weit weniger spektakulär aus.

Oft gibt es keinen klar erkennbaren Projektabschluss, weil z. B. die Gruppen bereits mit dem Projektergebnis arbeiten, während das Projektteam noch an letzten Kleinigkeiten bastelt. Oder die Befürchtung, zum Projektende unangenehme Detail- oder Zusatzaufgaben übernehmen zu müssen, führt dazu, dass Projektmitarbeiterinnen das Projekt nach und nach verlassen und dass die Projektleiterin am Schluss möglicherweise allein dasteht. Gerade weil das Interesse und die Motivation der Projektmitarbeiterinnen zum Projektende erfahrungsgemäß nachlassen, sollte das Projektende bewusst gestaltet werden. Lust statt Frust sollte hier das Motto sein. Hierzu ein Erfahrungsbericht von Clemens Alder:

Mit dem Nahverkehr:

Straßenbahn Linien 9 (H
13 (Haltestelle Gleueler S
Str./Gürtel) oder Bus Linie
Str.).

Mit dem Auto:

A4 Ausfahrt Klettenberg
Uni/Innenstadt, nächste K
ringstraße, nächste Kreuz
Straße. Schrägrechts in d
den sich Parkmöglichkeite

Bezirksregierung Köln
EU-Geschäftsstelle
Lifelong Learning Programme
Erzbischöfliches
Studienseminar Köln

EASE

Das Projekt EASE...

... bietet einen fundierten und umfassenden Einblick in einen der spannendsten Entwicklungsabschnitte des Kindes:

Early Literacy im Übergang vom Kindergarten in die Grundschule.

Bildungskontinuität zu sichern erhebt einen hohen Kooperationsanspruch, der sich im Anforderungsprofil von Familie, Kindergarten, Grundschule sowie den Ausbildungsstätten Berufskolleg und Studienseminar nur mit besonderem Engagement umsetzen lässt. Den Projektbeteiligten ist dies gelungen.
Die Abschlussveranstaltung mit den Themen „Elternkooperation" und „Zukunftsweisende Ideen" gilt als besonderer Dank an die Beteiligten und fordert gleichzeitig zur Implementierung und Fortführung der erarbeiteten Ziele auf:

- die Tandembildung von **Berufspraktikantinnen und Lehramtsanwärterinnen** zur gemeinsamen Entwicklung von Projekten;
- die Zusammenarbeit der **Kollegien des Erzbischöflichen Berufskollegs Köln und des Studienseminars Köln, der Kindergärten und Grundschulen** in der Begleitung der Berufspraktikantinnen und Lehramtsanwärterinnen;
- die Vertiefung der Themen Kommunikation und Kooperation mit **Eltern**, Bildungsbeobachtung und Bildungsdokumentation, Early Literacy und Transition in der Ausbildung;
- die Weiterentwicklung der Zusammenarbeit von **Erzieherinnen, Lehrerinnen und Eltern** im Sinne der Bildungsgrundsätze und als Qualitätsanliegen der **Träger** von Kindergarten und Grundschule.

Alle sind herzlich eingeladen, sich durch die Vorträge und Projekte inspirieren zu lassen, in Kommunikation zu treten und Kooperationen einzuleiten, um Bildungskontinuität zu sichern.

Programm

8.30
Begrüßung
Manfred Müller-Neuendorf, Schulleiter

9.00
Ohne Eltern geht es nicht!
Schwierigkeiten meistern - Kommunikation entwickeln
Herbert Vogt, Dipl.-Pädagoge und Lehrer;
Autor und Redakteur der Fachzeitschrift TPS

10.15
EASE-Projektpräsentationen
in den umliegenden Klassenräumen

11.30
Pause mit Imbiss

12.30
„Bildungskonzept der Zukunft – Bildung von 3 –10 unter einem Dach"
Prof. Dr. Rainer Strätz
FH Köln/Sozialpädagogisches Institut NRW

13.45
Zertifizierung der Projekte von:
Mareike Bakker, Kira Klapp, Wibke Körber, Melanie Krischer, Stephanie Mermann, Christina Müller, Stephanie Staiti und Christina Tetenborg

14.00
Bildung, ein Kabarett
Babette Dörmer und Karin Kroemer, Bonn

Moderation der Veranstaltung:
Ursula Potthoff, Bildungsgangleiterin der Fachschule für Sozialpädagogik

Musikalische Begleitung:
Regina Achtelik

Projekte

[redacted]
Groß und Klein tauchen in Bücher ein

[redacted]
Gemeinsam zum Bilderbuch

[redacted]
Mehr als nur Schulkram - Schriftsprache mit allen Sinnen

[redacted]
Stärkung der Vorläuferkompetenzen zum Lesen und Schreiben lernen durch Märchen

[redacted]
Backen im Kindergarten - early literacy

[redacted]
Übergang Kindergarten-Grundschule

[redacted]
Ein Tag in Fantissima

[redacted]
Ein Bilderbuch in allen Facetten

[redacted]
Wir bringen auch ein Buch mit

[redacted]
Lesepatenschaft

[redacted]
Post vom Erdmännchen

[redacted]
Die märchenhafte Welt der Schriftsprache

[redacted]
Reise vom Kindergarten in die Grundschule

[redacted]
Portfolio als Brücke vom Kindergarten in die Grundschule

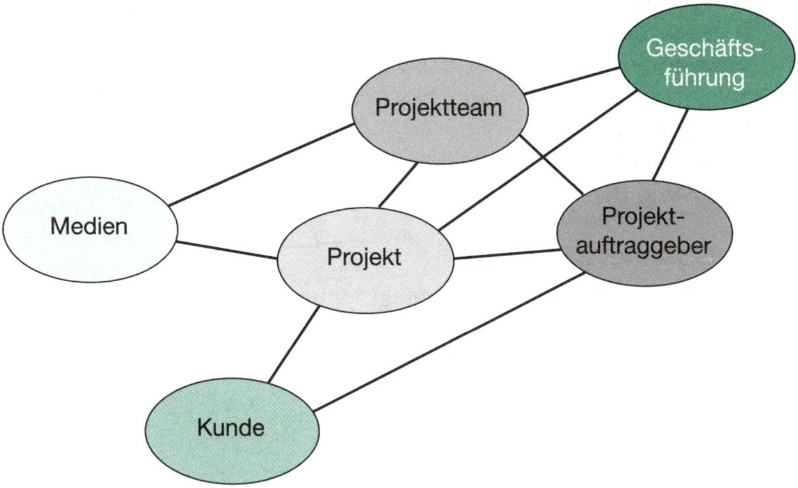

Grafik: Soziale Umweltbeziehungen im ganzheitlichen Projektmanagement

Für den gelungenen Abschluss eine Projektes sind im Ganzheitichen Projektmanagement verschiedene Aufgaben im Rahmen „der Auflösung der sozialen Umweltbeziehungen" wahrzunehmen, die sich einerseits auf die Sachebene und andererseits auf die psychosoziale Ebene beziehen, aber auch unterschiedliche soziale Gruppen betreffen: das Projektteam, den Auftraggeber, den Träger bzw. die Geschäftsführung, die Kunden und häufig auch die Medien.

5.1 Sachbezogener Projektabschluss und Abschlussbericht

In der Abschlussphase konzentriert sich die Aufmerksamkeit auf das Vervollständigen und Beenden der noch laufenden Arbeitspakete. Die Ziele eines geordneten Projektabschlusses sind im Einzelnen:

1. Präsentation und Übergabe der Projektergebnisse an den Auftraggeber
2. Einigung mit dem Auftraggeber über noch zu erbringende Leistungen sowie die Gestaltung der Nachprojektphase (Zeit, Aufwand, Ziele etc.)
3. Behebung von Restmängeln
4. Erhalt der offiziellen Abnahme und offizielle Entlastung des Projektteams
5. Ergebnisdokumentation in Form eines Projektabschlussberichtes
6. Aufbereitung der Projektergebnisse für die Öffentlichkeitsarbeit
7. Auswertung der Erfahrungswerte (Kosten, Zeitbedarf, Personaleinsatz) zur Schaffung einer Datenbasis für die Kalkulation ähnlicher Projekte
8. Analyse der Projektabwicklung
9. Auflösung der Projektressourcen

Projektabschlussbericht

Auf der Basis der bisherigen Projektdokumentation und den Ergebnissen der Projektabschlusssitzung wird ein kurzer Abschlussbericht erstellt. Dieser sollte in komprimierter Form die Ergebnisse des Projektes enthalten.

Folgende Gliederung dient als Orientierung:

Inhaltsübersicht

1 **Projektauftrag**
 1.1 Ausgangssituation
 1.2 Projektziele
 1.3 Projektorganisation

2 **Evaluierung**
 2.1 Projektverlauf
 2.2 Zielerreichung

3 **Ergebnisse**

4 **Ausblick/Nachprojektphase**

5 **Entlastung Projektteam**

6 **Anhänge**
- Projektstrukturplan
- Terminplan
- Kosten- und Ressourcenplan
- Protokolle
- Aktennotizen
- Projektstatusberichte
- weitere relevante Dokumente

Die formelle Entlastung des Projektteams **erfolgt durch die Unterzeichnung des Abschlussberichts** durch den Auftraggeber. Im besonderen Maße wird die Zielerreichung in Bezug auf Qualität – Kosten – Zeit geprüft. Der Auftraggeber kann gegebenenfalls auch Nachbesserungen und Nacharbeiten veranlassen.

Gleichzeitig mit der Entlastung des Projektteams erfolgt auch die Auflösung der Projektorganisation. Sämtliche Projektabschlussberichte sollten – sofern sie keine vertraulichen Informationen beinhalten – **an einer Stelle gesammelt** werden. Zukünftige Projektteams sollten die Möglichkeit haben, aus den Dokumentationen und Berichten vorangegangener Projekte Erfahrungen, Planungsansätze und potenzielle Gefahrenhinweise zu übernehmen und zu adaptieren – somit entsteht ein aktives Wissensmanagement.

Lernerfahrungen in der Abschlussreflexion sichern

Die Abschlussreflexion dient vor allem zur Artikulation von Erfahrungen im Projektverlauf. Besonders für Projektleiterinnen, die auch die Funktion der Kita-Leitung haben, können hierdurch wertvolle Ressourcen erkannt und in motivierenden Mitarbeiterinnengesprächen gesichert und verstärkt werden.

In der Abschlussreflexion geht es um Fragen: Was haben wir in diesem Projekt gelernt? Dabei ist auf ein lösungs- statt schuldorientiertes Denken zu achten und die Konzentration nicht nur auf das Projektergebnis zu richten, sondern vor allem auf den Projektverlauf: Was ist in diesem Projekt gut/schlecht gelaufen? Welche Stärken hat das Team bewiesen? Was sollte in zukünftigen Projekten berücksichtigt werden?

Gliederung des Abschlussberichtes Projekt EASE

Titel des Projektes
Projektleiterin (BP)
Projektbegleiterin (Fachlehrerin/Fachschule)
Auftraggeber (KiTa mit Angabe der Leitungsnamen)
Projektverlauf von ... bis ... (Gesamtzeitraum)
Projekteinsatzzeit (Stundeneinsatz und Zeitrhythmus)
Anzahl der Kinder/ Geschlechterverteilung/Kinder m. Migrationshintergrund
Kosten des Projektes

Zusammenfassende Beschreibung der erfolgten Arbeit:

1. Die Arbeit mit der Kindergruppe innerhalb der KiTa/ der Schule – außerhalb – Hinweise auf ganzheitliche did.-meth. Vorgehensweise – Tandemarbeit (KiTa- u. Schulkinder)
2. Kooperation/Information der Eltern
3. Kooperation KiTa/Schule
4. Zusammenarbeit im Tandem
5. Teamtransparenz zur Implementierung
6. Erarbeitung einer Bildungs-/Lerngeschichte

Beurteilung/Reflexion der erfolgten Arbeit entsprechend der Punkte 1. bis 5. unter Angabe der positiven wie negativen Aspekte

Beurteilung/Reflexion der Projektbetreuung:

1. Auftraggeber
2. Fachlehrerin Berufskolleg
3. Nationale Koordination
4. Transnationale Vorbereitung

Für die Projektleiterinnen war es wichtig, diese konkrete Gliederung zu erhalten, damit der Bericht gleichzeitig der transnationalen Auswertung nützlich ist.
Es gab zusätzlich einen Fragebogen, der vor und nach dem Projekt zur Beantwortung kam: 1. von den Erzieherinnen, 2. von den Eltern. Diese Auswertung erfolgte transnational.

Schließlich hat jedes Projekt eine nachhaltige Wirkung auf alle Projektbeteiligten und Außenstehenden.

Ungeachtet der Abschlussreflexion und des faktischen Projektergebnisses, aber mit Blick auf die weitere Zusammenarbeit, schafft
- eine kleine Abschlussfeier innerhalb des Teams
- der persönliche Dank an jedes Teammitglied oder gar
- ein kleines Abschlussgeschenk

eine tragfähige Projektkultur sowie die Motivation, eine überzeugende und gemeinsame Projektpräsentation durchzuführen (vgl. Abschlussbericht EASE).

5.2 Projektabschluss auf der Beziehungsebene

Wenn das Projektende absehbar ist, sind die Projektmitarbeiter, vor allem, wenn sie aus unterschiedlichen Institutionen stammen, zumeist weniger motiviert, sich für das Team zu engagieren, da ihnen klar ist, dass sich diese Gruppenkonstellation bald auflösen wird (siehe Teambildungsprozess). Für Projektleiterinnen stellt der Projektabschluss auf der Beziehungsebene eine Herausforderung dar, die nicht übersehen werden sollte und u. a. folgende Punkte umfasst:
- Aufrechterhaltung des WIR-Gefühls
- Verkürzen der „schleichenden“ Projektverlängerung etwa durch Unsicherheiten oder Demotivation
- Perspektiven nach Projektabschluss überlegen
- Analyse und Klärung der Konsequenzen auf die eventuell folgende Nachprojektphase
- Sicherstellung der erworbenen Erfahrungen
- Verteilung der noch offenen Aufgaben (etwa hinsichtlich Präsentation)

6

Präsentation

6 Präsentation

„Das menschliche Gehirn ist eine großartige Sache. Es funktioniert vom Augenblick der Geburt bis zu dem Zeitpunkt, wo du aufstehst, um eine Rede zu halten."

(Mark Twain)

Die Präsentation der Projektergebnisse ist oft der Höhepunkt einer langwierigen und anstrengenden Projektentwicklung. Gleichwohl die Präsentation auf vielfältigste Arten geschehen kann und auch soll, so etwa als Kombination aus Flyer, Internetveröffentlichung, Filmbeitrag, Projekthandbuch, Ausstellung, Workshop, „Markt der Möglichkeiten" oder Institutionsralley, fokussiert dieses Kapitel den mündlichen Vortrag, da dieser für das vertraute Team der Kita bzw. OGS die einfachste Form ist, angereichert mit Anschauungsmaterial entsprechend der Projektthematik, das Projekt lebendig zu präsentieren. Der Vortrag steht allen anderen Präsentationsformen voran und ist die häufigste und mithin auch schwierigste Form der Präsentation.

Das Gelingen eines Präsentationsvortrags hängt, ebenso wie der Projekterfolg, von einer klaren Zielsetzung und einer strukturierten Vorbereitung ab. Und auch der Aufwand für die Vorbereitung darf nicht unterschätzt werden, denn selbst Profis benötigen für 1 Minute Präsentation mindestens 30 Minuten Vorbereitungszeit. Die Präsentation ist dabei nicht nur Selbstzweck, in der persönlich als wichtig erachtete Informationen transportiert werden, sondern sie ist konsequent an der Zielgruppe auszurichten. Damit die Präsentation zu einem Höhepunkt in der Projektbiografie wird, sind in diesem Kapitel hilfreiche Grundprinzipien und Methoden gelingenden Präsentierens angeführt. Zunächst wird dabei (6.1) die Zielgruppe analysiert, um die Zielsetzungen für den Vortrag zu erarbeiten. Anschließend (6.2) werden Hinweise zur Kategorisierung von Informationen und der Medienverwendung im Allgemeinen gegeben. Erst wenn diese Aspekte geklärt sind, macht es Sinn, sich mit (6.3) der Ausarbeitung des Vortrags zu beschäftigen, wozu in knapper Form wichtige Rhetorikhinweise gegeben werden.

6.1 Analyse der Zielgruppe

Die grundlegendste Frage bei der Vorbereitung einer Projektpräsentation ist die nach der Zielgruppe: Projektauftrageber, Öffentlichkeit, Mitarbeiterinnen, zukünftige Kooperationspartner, die Kinder, die Eltern oder alle gemeinsam? Je nach Zielgruppe wird sich der Inhalt der Präsentation maßgeblich verändern, weshalb zunächst entschieden werden muss, wer eingeladen wird. Nicht selten werden die Projektergebnisse den unterschiedlichen Zielgruppen separat präsentiert, um einen bestmöglichen Erfolg zu erzielen, indem den spezifischen Bedürfnissen Rechnung getragen wird. Insofern steht an erster Stelle eine gründliche Zielgruppenanalyse, wozu die folgende Checkliste als Hilfe dient:

1. Was soll mit der Präsentation speziell bei <u>diesen Zuhörern</u> erreicht werden?
2. Welche themenbezogenen Merkmale haben die Zuhörer?
   - Was wissen sie über das Thema/das Projekt bereits?
   - Welche Einstellung haben sie zur Referentin, zum Thema und/oder zur Institution?
   - Welche Gründe mögen die Zuhörer bewegen, an der Präsentation teilzunehmen?
   - Welche Vorteile und Nachteile entstehen bei der Darstellung bestimmter Ergebnisse bzw. Sachverhalte?
3. Welche allgemeinen Kennzeichen haben die Zuhörer?
   - Geschäftliche Beziehungen? (Kunden, Interessenten, Management ...)
   - Wie lange bestehen die Beziehungen?
   - Wie gut kennen sie sich im Fachvokabular aus?
   - Grad der Aufgeschlossenheit (aufgeschlossen, vorurteilsfrei abwartend, gleichgültig oder abwehrend)?
4. Welche Informationen und Methoden versprechen bei diesen Zuhörern Erfolg?
5. Welche Informationen, Methoden und Verhaltensweisen sollten bei dieser Zuhörerschaft unbedingt vermieden werden?

An die Zielgruppenanalyse schließt sich die Auswahl der Inhalte und deren Aufbereitung an.

6.2 Präsentationsinhalte und -formalien

Eine Präsentation vorzubereiten bedeutet stets, Entscheidungen zu treffen und Informationen, die vermittelt werden sollen, nach Dringlichkeiten zu klassifizieren. Im Mittelpunkt steht die Frage nach dem Was der Präsentation. Die Inhalte werden dabei in Kerninformationen, ergänzende Informationen und Hintergrundinformationen unterschieden, wie dies die Abbildung (auf der nächsten Seite) differenziert. Selbstverständlich ist dabei die Klassifizierung der Informationen von der Präsentationszielsetzung abhängig. Eine angenehme Mischung aus verschiedenen Informationen bereichert die Präsentation ebenso wie die Visualisierung der Informationen.

Kategorien von Informationen	Fragen zur Zuordnung	Informationsebene
❑ Notwendiges Wissen ❑ Grundsachverhalte ❑ Basiskenntnisse ❑ Unverzichtbare Details	Ist die Information unverzichtbar, um das Präsentationsziel zu erreichen?	**Kerninformation**
❑ Weiterführende Erläuterungen ❑ Beispiele zur Kernaussage ❑ Alle „kernnahen Informationen“	Macht die Information den Sachverhalt verständlich, unterstützt sie die Kernaussage?	**Ergänzende Information**
❑ Historische Statistiken ❑ Persönliche Erlebnisse ❑ Ausblicke, Trends ❑ Vermutungen	Rundet die Information das Thema ab, stellt sie einen weiteren Zusammenhang zum Gesamtrahmen her?	**Hintergrund-information**

Grafik: Informationshierarchie

Unabhängig vom Visualisierungsmedium ist jedoch stets zu beachten, dass alle Kerninformationen visualisiert werden sollten, ergänzende Informationen visualisiert werden können und Hintergrundinformationen nicht visualisiert werden sollten. Was die Visualisierungsmedien betrifft, ist die Auswahl groß und reicht von Overhead- und Powerpointfolien über Flipchart, Pinnwand, Dias/Videos bis hin zu Inszenierungen und szenischen Einlagen. Der Kreativität sind dabei keine Grenzen gesetzt, jedoch der Belastbarkeit der Zuhörer, weshalb Medien mit Bedacht eingesetzt werden sollen.

Die Vortragende/die Vortragenden sind für Die Organisation und Bereitstellung aller Medien verantwortlich. Alle Medien bergen Vor- und Nachteile in sich, so etwa ist eine Flipchart sperrig zu transportieren, Poster nutzen sich nach mehrmaligen Gebrauch ab, bei Powerpointpräsentationen ist die Technik anfällig und aufwendig, bei Dias muss der Raum abgedunkelt werden oder eine Inszenierung ist von der Anwesenheit aller Akteure abhängig.

Handout/Thesenblatt/Vortragsflyer

Ungeachtet der Medienwahl ist zu und vor allem vor der Präsentation ein Handout/Thesenblatt/Vortragsflyer zu verteilen. Zum einen erleichtert dies dem Zuhörer, die Struktur der Präsentation anhand weniger prägnanter Thesen zu erfassen und zum anderen bleibt die Präsentation besser in Erinnerung bzw. erhalten gemäß dem Motto: Wer schreibt, bleibt!

Neben dem allgemein üblichen Kopftext mit Rahmendaten wie Name, Ort und Thema enthält das Handout alle wichtigen Aussagen bzw. Kerninformationen, die im Vortrag entwickelt, begründet, erläutert werden sollen. Das Thesenpapier ist dabei kein Inhaltsverzeichnis, keine Stichwortsammlung, kein Kurzreferat.

Vielmehr muss es folgenden Kriterien entsprechen:
- Kopfleiste: Referentinnen/Institution evtl. Logo/Thema/Datum/Ort
- 1 DIN-A4-Seite
- Einleitung (ca. 5 Zeilen): Kurze Erläuterung des Themas
- Thesen: 1 2 3 ...
- Evtl. eigene Stellungnahmen, Kritiken
- Evtl. Hinweise für die Diskussion oder den weiteren Ablauf
- Evtl. Verzeichnis der verwendeten Literatur
- Tabellen, Zeitreihen, Grafiken etc. unbedingt vermeiden. Diese können, wenn nötig, separat verteilt werden.

Ergebnisse in Powerpoint zu präsentieren zählt mittlerweile zu den Kulturtechniken wie Lesen und Rechnen, leider sind die meisten Powerpointvorträge tatsächlich zum Gähnen. An dieser Stelle sind grundlegende Hinweise für Ihre Vorbereitung der Präsentation gegeben:

- Die Folien dienen zur Visualisierung wichtiger Aspekte des Vortrags und sind nicht der Vortrag in visualisierter Form
- Folien nicht ablesen
- Fließtext ist auf Präsentationsfolien nicht geeignet
- Schriftgröße ist auf die Projektionsbedingungen abzustimmen, jedoch mindestens **Größe 20**
- Schlagwortstil ist zulässig, aber interpretationsbedürftig
- **ideal:**
  - nicht mehr als sechs Zeilen pro Folie
  - je Zeile höchstens sechs Wörter
  - wenig Animation, Schriftarten und -farben
  - jede einzelne Folie muss min. 90 Sekunden sichtbar sein

6.3 Rhetorische Hinweise beim Vortrag

„Man kann über alles reden, nur nicht länger als 45 Minuten!“

Gerade für Projektleitungen gehört es zur Tagesordnung, Gespräche zu führen – mit Mitarbeiterinnen und Kooperationspartnern ebenso wie mit Kunden oder in den zahlreichen Besprechungsrunden. Was in ganz normalen Gesprächen – ob beruflich oder privat – problemlos von der Hand (oder besser vom Mund) geht, kann bei einer Rede oder einem Vortrag vor Publikum eine große Herausforderung darstellen. Dem ersten Schreck folgen Unsicherheit, so manche schlaflose Nacht und im entscheidenden Moment schweißnasse Hände. Da fehlt nicht viel und jeder vorher wohlüberlegte Gedanke bleibt im entscheidenden Moment im wahrsten Sinne des Wortes im Halse stecken – dies ist menschlich und auch normal. Jedoch kann das durch eine entsprechende Vorbereitung vermieden werden.

Präsentieren heißt vor allem Wissens- und Informationsvermittlung, bei der es wichtig ist, die Wahrnehmungskapazität der Zuhörer (Zuseher) möglichst optimal auszuschöpfen. Die Wahrnehmung des Menschen wird durch viele Faktoren beeinflusst, vor allem durch Erwartungen, Motivation und die Aufmerksamkeit, aber auch äußere Rahmenbedingungen wie Sitzordnung, Lichtverhältnisse und Tageszeit spielen eine große Rolle für die Aufnahme von Gehörtem und Gesehenem, das heißt, die Aufmerksamkeit, Konzentration und Motivation der Zuhörer durch geschickte Gestaltung zu steigern.

Zunächst ist die Redezeit, die maximal 45 Minuten betragen soll, entsprechend zu gliedern.

- **Einleitung** (15 %): Sagen Sie, was Sie sagen werden und weshalb.
- **Hauptteil** (75 %): Sagen Sie, welchen Gehalt das hat.
- **Schluss** (10 %): Fassen Sie zusammen, was Sie gesagt haben und was jetzt getan/gedacht werden soll.

Im Vortrag ist ein dramaturgischer Bogen zu spannen, weshalb es ratsam ist, mit einem „Knall" zu starten, der die Botschaft des Vortrags vermittelt, z. B. mit einem **Cartoon**, Zitat, Witz, Rollenspiel oder einer kurzen Inszenierung. Ebenso hat sich bewährt, mit einem markanten Punkt zu enden, so etwa durch ein griffiges Fazit. Jeder Vortragende hat mit der Aufmerksamkeitskurve der Zuhörer zu arbeiten, weshalb vor allem im Mittelteil besondere Anstrengungen erforderlich sind, um die Aufmerksamkeit der Zuhörer möglichst hoch zu halten, wie die **nachfolgende** Abbildung illustriert:

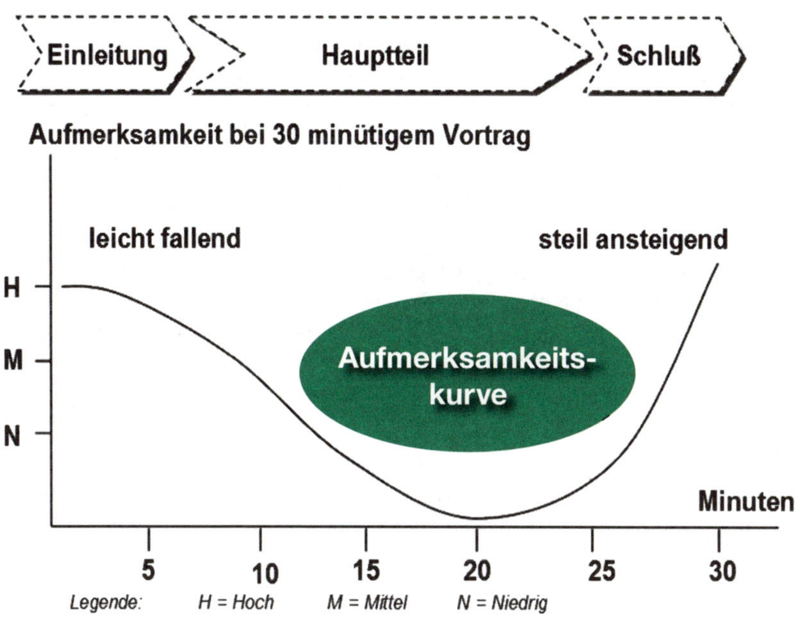

Dieses Phänomen der Aufmerksamkeitskurve, das in der Wahrnehmungspsychologie Primacy-Recency-Effekt genannt wird, kann durch eine geplante Vortragsgestaltung gelenkt werden. Besonders die Integration der Zuhörer im Mittelteil durch Fragen, Denkaufgaben oder eindrucksvoll visualisierte/inszenierte Inhalte hält die Aufmerksamkeit auf einem relativ hohen Niveau.

Neben der Beachtung der Rahmenbedingungen (Ort, Zeit, Raumatmosphäre, Technik, Sitzordnung, Verpflegung ...) sind insbesondere die folgenden Aspekte bei der Vorbereitung eines Vortrags hilfreich:

1. Lampenfieber ist normal, deshalb nicht überbewerten.
2. Durch Bewegung Adrenalin abbauen.
3. Eine gepflegte Erscheinung hebt das Selbstbewusstsein.
4. Stichwortzettel/Karteikärtchen sind wichtige Rettungsanker.
5. Regeln für die Zuhörer darstellen (z. B.: Für Fragen ist am Ende des Vortrages Raum).
6. Das Ziel und die Absicht des Vortrages deutlich herausstellen (vor allem in der Einleitung des Vortrags/Thesenblatt).
7. Anfang und Ende besonders gut vorbereiten.
8. Eine Rede ist keine „Schreibe“, Schriftsprache ist nicht authentisch.
9. Ein Bild sagt mehr als tausend Worte.
10. Es ist ein Beweis hoher Bildung, die größten Dinge in einfachster Art zu sagen.
11. Rhetorisch zu überzeugen bedeutet: „merk“-würdig reden.
12. Das Publikum lässt sich lieber unterhalten als belehren.
13. Der Mensch ist nicht nur Verstandeswesen. Deshalb: Gefühle ansprechen.
14. Der beste Lehrmeister ist das Beispiel.
15. Die Zuhörer zur Tat/zum Mitdenken auffordern.
16. Beim Vorbereiten „Zuhörerkonferenz“ in der Projektgruppe einberufen. Wer sind die Zuhörer? Was interessiert sie? (Zuhöreranalyse)
17. „Suche keine Effekte zu erzielen, die nicht in Deinem Wesen liegen“ (Tucholsky).
18. Denkpausen für den Redner sind gleichzeitig Aufnahmepausen für die Zuhörer.
19. Die Körpersprache ist verräterischer als das gesprochene Wort.

20. Der kürzeste Weg zwischen zwei Menschen ist ein Lächeln.
21. Ein Vortrag ohne rhetorische Fragen ist wie ein schlecht gelüftetes Zimmer.
22. Die Zuhörer möglichst oft direkt ansprechen.
23. Je besser der Augenkontakt, desto überzeugender der Redner. Tipp: M-förmige Blickführung durch das Publikum.
24. „Der Köder muss dem Fisch und nicht dem Angler schmecken" (Dale Carnegie).
25. Klare, kurze und prägnante Aussagen, keine Schachtelsätze.

7

Nachprojektphase

7 Nachprojektphase

Im Anschluss an die Abschlussphase folgt häufig, aber nicht immer, die Nachprojektphase, in der die Projektergebnisse genutzt, implementiert, umgesetzt oder gegebenenfalls nachhaltig weiterentwickelt werden. Durch die Auflösung der Projektorganisation ist das Projektteam grundsätzlich von sämtlichen Projektaufgaben entbunden. Sollten weitere Umsetzungsschritte notwendig sein, so werden diese üblicherweise in den Alltag integriert und ausgeführt. Die Praxis hat jedoch gezeigt, dass das spezifische Wissen des Projektteams (und besonders der Projektleiterin) in der Nachprojektphase von großem Nutzen sein kann. Es sollte deshalb sichergestellt werden, dass dieses Wissen auch nach dem Projekt noch verfügbar ist. In jedem Fall angestrebt werden sollte aber, dass bereits abgeschlossene Projekte im alltäglichen Ablauf der Organisation integriert sind. Sobald aber die Aufwände für Nach- und Umsetzungsarbeiten ein vertretbares Maß überschreiten, sollte überlegt werden, ein Folgeprojekt zu initiieren oder die betroffenen Mitarbeiter entsprechend für diese Aufgaben abzustellen (vgl. PM-Handbuch 2005).

> Um die Nachhaltigkeit zu garantieren, wurde für 2 Schuljahre das Vorgehen als Zusatzqualifikation fortgesetzt. Gleichzeitig wurde die Bibliothek nach haltig ausgestattet und die Inhalte im Ausbildungsgang in der Didaktischen Jahresplanung gesichert. Entsprechend der Gemeinsamen Bildungsgrundsätze 2010 NRW wird weiterhin an der Transitionsgestaltung für alle Bildungsbereiche gearbeitet.

Zusammenfassend ist in der Nachprojektphase demnach zu klären,

- welche Folgeaktivitäten bzw. -projekte geplant sind,
- wie und von wem die gewonnenen Erfahrungen und Ergebnisse weiter verwertet werden und
- wie die Projektergebnisse in der Institution langfristig genutzt und weiter verwertet werden können.

Diese Fragen lenken den Blick auf die Integration der Projektergebnisse in den Alltag der Institution, also auf deren nachhaltigen Einfluss. Andererseits ist mit diesen Fragen der Beginn eines neuen Projekts intendiert, in dem es alle Phasen neu zu durchlaufen gilt, jedoch dann mit einem neuen Ziel und erweiterten Erfahrungs- und Kenntnisschatz in Sachen Projektmanagement.

8

Zu guter Letzt: Widerstände und Chancen – Beratung bei der strukturierten Einführung „Projektmanagement“

8 Zu guter Letzt: Widerstände und Chancen – Beratung bei der strukturierten Einführung „Projektmanagement“

Projektmanagement ist ein Führungskonzept und findet in den unterschiedlichsten Branchen weltweit Anwendung. Dennoch ist es nicht selbstverständlich, in Wirtschaft, Banken, Versicherungen, Verwaltungen und erst recht in sozialen Unternehmen konsequent und diszipliniert nach den Prinzipien des Projektmanagement zu arbeiten. Viel zu oft werden Widerstände wirksam, statt sie im Unternehmen sofort zu ermitteln und zu bearbeiten.

Die Chancen einer strukturierten Projektarbeit im Sinne des Ganzheitlichen Projektmanagements sowie die Gefahren bei Ignoranz der Methoden wurden hinreichend erörtert und mit Beispielen aufgezeigt.

Wünschenswert ist es, das „Projektorientierte Unternehmen“ (Schelle 2001) auch in den Non-Profit-Bereichen zu etablieren, um den langfristigen Erfolg zu sichern und frühzeitig auf sich ergebende Chancen und Bedrohungen zu reagieren. Projektmanagement, diszipliniert ein- und umgesetzt, erweist sich ebenso als wirksames Personalentwicklungsinstrument und zur Motivation der Mitarbeiterinnen, z. B. im Qualitätsverfahren.

Bedingt durch aufgezeigte Turbulenzen in der Kinderbetreuung und Bildung werden immer stärker die Leistungsziele in den Fokus genommen; Partizipations-, Motivations- und Ressourcenorientierung und Förderung der Mitarbeiterinnen „bleiben immer mehr auf der Strecke“. Hieraus resultieren bereits die wesentlichen Widerstände: die Sorge, schon wieder Neues, also mehr leisten zu müssen.

Im projektorientierten Unternehmen gelingt der „Blick über die Mauer“, also in der Vernetzung der Ansprüche in den Gruppen (Leitbildentwicklung/Qualitätsentwicklung) und der Verzahnung von mehreren unabhängigen Unternehmen (Kita/Schule/Ausbildungsstätten) sowie der Kooperation von Unternehmen mit unterschiedlichen Schwerpunkten (Familienzentrum), wie in den Beispielen deutlich wird. Dadurch weitet sich der Blick für ganzheitliche Angebote im Sozialraum, aber besonders auch die Information über Bedarfe und Angebote.

Dieses systematische Arbeiten in Kita und OGS einzuführen bedeutet für Leiterinnen oft eine hohe Herausforderung.

Sind sie einmal selbst davon überzeugt, die Chancen des Projektmanagements nutzen zu wollen, kann es sehr sinnvoll sein, anfänglichen Widerständen mit professioneller, erfahrener Hilfe zu begegnen.

9

Übersicht möglicher Arbeitstechniken im Projektverlauf

9 Übersicht möglicher Arbeitstechniken im Projektverlauf

Übersicht möglicher Arbeitstechniken im Projektverlauf, die hier nicht vermittelt werden können, aber als Ideensammlung zum Nachsuchen oder als Teamfortbildungsthema sicher eine Bereicherung sind (Schmitt et al. 2002).

	Phase					**Funktion**					
Arbeitstechniken ↓ anwendbar bei →	Problemanalyse	Konzeptphase	Feinkonzeptphase	Realisierung	Projektabschluss	Steuerung	Ideenfindung	Analyse	Bewertung/Entscheidung	Planung	Überwachung
Kreativitätstechniken											
Kartenabfrage	👍	👍	👍	👌	👍	👍	👍	👍	👍	👍	👍
Brainstorming	👍	👍	👍			👌	👍	👌			
Synektik	👍	👍	👌				👍				
Delphi-Methode	👍	👍					👍	👍	👍		
Morphologischer Kasten		👍	👌				👍	👌	👌		
Mindmapping	👍	👍	👌				👍	👍		👌	
Analysetechniken											
Interview/Fragebogen	👍							👍			👌
Dokumentenanalyse	👍							👍			👌
Portfolioanalyse	👍	👌						👍	👍		
Szenariotechnik	👍	👌						👍	👍		
Relevanzbaum	👍	👌						👍	👌		
Ursachen-Wirkungs-Diagramm	👍							👍			
Risikoanalyse		👍	👌					👍	👍	👍	

Entscheidungstechniken											
Prüffragenkatalog	👌	👍	👍					👍	👌	👌	👍
ABC-Analyse		👍	👍						👍	👌	
Wertanalyse	👌	👍	👌					👍	👍		
Wirkungsnetz	👌	👍	👌					👍	👌	👌	👍
Entscheidungsbaum		👍	👍					👍	👍		
Planungstechniken											
Strukturplan		👍	👌							👍	
Balkendiagramm		👍	👍							👍	
Netzplantechnik		👍	👍							👍	
Überwachungstechniken											
Trendanalysen		👌	👍	👍		👌				👌	👍
Kosten-Termin-Diagramm		👌	👍	👍	👌	👌				👌	👍
Meilenstein-Trend-Analyse		👌	👍	👍	👌	👌				👌	👍
Stichtagskontrolle				👍	👌						👍

👍 *= empfohlen,* 👌 *= kann angewendet werden (vgl. Schmitt et al. 2002)*

10

Glossar

10 Glossar

Ablaufplan: Zeitliche und logische Anordnung der **Arbeitspakete.**

Arbeitspaket: Teile des Projektes, die sukzessive abgearbeitet werden, um das Projektziel zu erreichen. Arbeitspakete werden auch als Vorgänge oder Meilensteine bezeichnet.

Arbeitspaketverantwortlicher: Verantwortlicher für diesen Arbeitsvorgang, der vom **Projektleiter** oder **Projektteam** delegiert ist.

Auftraggeber: Gesamtverantwortlicher. Der Auftraggeber genehmigt das Projekt (**Ziel, Budget, Zeit**, Team) und entlastet am Projektende das Projektteam.

Balkenplan: Diagramm zur Visualisierung der **Zeitplanung**.

Balken-Netzplan: Erweiterung des Balkenplans um die Darstellung der Abhängigkeiten zwischen den Arbeitspaketen.

Dauer: Anfang bis Ende des **Projektzyklus.**

Einsatzplanung: Planung des Einsatzes von **Ressourcen**.

Pufferzeit: Zeitraum, um den ein Arbeitspaket im Netzplan verschoben werden kann, ohne ein anderes zu tangieren oder das Ende der Projektzeit zu beeinflussen.

Kapazitätsbedarf: Bedarf an Personal > Kapazitätsplanung Ressourcen.

Kick-off-Sitzung: Erstes Treffen von Projektleiter und Projektteam zur Initialisierung des Projektes. Dabei werden diskutiert und beschlossen: Auftrag, Ziele, Inhalte, Termine, Rahmenbedingungen und die weitere Vorgehensweise.

Kraftfeldanalyse: Methode bzw. Strukturierungshilfe für Entwicklungsvorhaben.

Kreativitätstechniken: Methoden zur Anregung der Kreativität bei der Erarbeitung neuartiger Problemlösungsansätze. Ganzheitliche, analoge Methoden.

Multiprojektmanagement: Aufgabe des Multiprojektmanagements ist es, mehrere Einzelprojekte so zu koordinieren (z. B. hinsichtlich der benötigten Ressourcen), dass das Gesamtergebnis aller Projekte hinsichtlich der Unternehmensziele ein Optimum ergibt.

Netzplan: Grafische Darstellung der Abhängigkeiten zwischen Arbeitspaketen, also der Vorgehensweise bei der Projektabwicklung.

Projektcontrolling: Auch Projektsteuerung, Aufgabe des **Projektleiters**. Ziel ist es, auftretende Probleme im P.-Verlauf möglichst früh zu erkennen.

Projektzyklus: Genereller Ablauf aus Sicht des **Projektmanagements**. Er besteht aus folgenden Abschnitten:

- Vorprojektphase
- Planungsphase
- Realisierungsphase
- Projektabschluss
- Nachprojektphase

Projektleiter: Verantwortlicher für die Erreichung der im P.-Auftrag fixierten P.-Ziele. Er ist erster Ansprechpartner des Auftraggebers. Aufgaben, Befugnisse und Verantwortung des P.-Leiters sollten unternehmensweit festgelegt sein.

Projektlebenszeit: P. als wichtige Ressource ist die zeitliche Dauer von der Idee bis zur offiziellen Entlastung des Projektteams.

Projektmanagement: P. ist eine Führungskonzeption, die dazu dient, Projekte zielorientiert und effizient abzuwickeln. Dazu gehören *organisatorische, methodische* und *zwischenmenschliche* Aspekte (Organisations- und Qualitätsentwicklung)

PM-Handbuch: ist häufig die Dokumentation grundlegender Verfahrensfestlegungen für die einheitliche Anwendung eines Projektmanagements in einem Unternehmen.

Projektmanagementsoftware: Hilfe bei Planungs- und Controllingmethoden.

Projektorganisation: besteht primär aus dem Auftraggeber, dem Projektleiter und dem Projektteam, kann jedoch den Erfordernissen entsprechend um weitere Kontroll- und Entscheidungsgremien erweitert werden.

Projektphasen: siehe Projektzyklus

Projektplanung: Alle Tätigkeiten, die zu einem P.-Plan führen:
- **Projektstrukturplan** inkl. Arbeitspaketbeschreibungen
- Terminplan (Netz-, Balkenplan)
- Ressourcenplan
- Kostenplan
- Risikoanalyse

Projektstrukturierung: Erarbeiten eines P.-**Strukturplans**. Ein Projekt wird hierarchisch in immer kleinere Elemente zerteilt. Die untere Ebene ist die Basis für die weitere Planung (vom Komplexen zum Wesentlichen).

Projektstrukturplan/-ablaufplan: meist grafische Übersicht über alle zur Erreichung des Projektziels erforderlichen Arbeitsschritte.

Projektteam: Mitarbeiter, die zusammen mit dem P.-Leiter für die Erreichung des Ziels verantwortlich sind.

Projektziel: Das Projektziel ist Bestandteil des Projektauftrags und besteht aus den drei Komponenten: Inhalt – Zeit – Kosten. Es muss erreichbar, vollständig, widerspruchsfrei, nicht interpretierbar, prüfbar, lösungsneutral, dokumentiert und zwischen AG und PL abgestimmt sein. ODER: Spezifisch, Messbar, Akzeptabel, Realistisch, Terminiert = S.M.A.R.T.

Statusbericht: P.-Leiter erstellt Übersicht über den aktuellen Projektstand/Soll-Ist-Vergleich von Kosten, Zeit, Ressourcen, Terminen.

11

Literaturverzeichnis

11 Literaturverzeichnis

Becker, H./Langosch, I.: Produktivität und Menschlichkeit. Stuttgart 2002.

Bernhard, A.: Bildung als Ware – Die Biopiraterie in der Bildung und ihr gesellschaftlicher Preis. In: Utopie kreativ. H. 197/3-2007. S. 202–211.

Boltanski, L./Chiapello, È.: Der neue Geist des Kapitalismus. Konstanz 2006.

Boy, J./Dudek, Ch./Kuschel, S.: Projektmanagement. Offenbach 2003.

Brocher, T.: Gruppendynamik und Erwachsenenbildung; Boppard 1967.

Bruce, A./Langdon, K.: Projektmanagement. London 2000.

Cohn, R.: Von der Psychoanalyse zur themenzentrierten Interaktion. Stuttgart 1991.

Deutsche Gesellschaft für Projektmanagement e. V./PA Consulting Group: Ergebnisse der Projektmanagement Studie. Online im Internet: *www.gpm-ipma.de/docs/* (Juni 2011).

Francis, D./Young, D.: Mehr Erfolg im Team. Ein Trainingsprogramm mit 46 Übungen zur Verbesserung der Leistungsfähigkeit in Arbeitsgruppen. Hamburg 1996.

Gröger, M.: Projektmanagement: Abenteuer Wertvernichtung. Eine Wirtschaftlichkeitsstudie zum Projektmanagement in deutschen Organisationen. München 2004.

Hertlin, M.: Mind Mapping. Die kreative Arbeitstechnik. Hamburg 2001.

Institut für Systemisches Management: Coaching im Kontext des selbstorganisierten Lernens. Working Paper 2004.

KGSt-Bericht: Kontraktmanagement. Nr. 4/1998.

Kunz, Ch.: Geniale Projekte – planen und präsentieren. Zürich 2004.

Larrá, F./Cleuvers, B.: Stark im Team. Kronach 2005.

Miller, R.: Beziehungsdidaktik. Weinheim/Basel 1998.

Müller-Neuendorf, M./Obermaier, M.: Handbuch Qualitätsmanagement Schule. Paderborn 2010.

Negt, O.: Arbeit und menschliche Würde. Göttingen 2002.

Neubauer, M.: Krisenmanagement in Projekten. Berlin/Heidelberg 1999.

Nöthen, K.-G.: Lernfelder unterrichten und bewerten. Troisdorf 2005.

Obermaier, M.: Flexible Arbeitswelten. Hamburg 2006.

Obermaier, M.: Ressourcenvernichtung Projektarbeit. In: KiTa aktuell. 15. Jg. 9/2007, S. 172–173.

Obermaier, M.: Ökonomisierung der Bildung. In: Mertens, G. et. al. (Hrsg.): Handbuch der Erziehungswissenschaft. Band I. S. 959–974. Paderborn 2008.

Peipe, S.: Crashkurs Projektmanagement. Freiburg i. B. 2005.

PM-Handbuch: Online im Internet unter *http://www.pm-handbuch.com* (Juli 2011).

Robert-Bosch-Stiftung (Hrsg.): PIK – Profis in Kitas. Stuttgart 2006.

Rudow, B.: Hohe psychische Belastungen für Erzieherinnen. In: bildung & wissenschaft. Mitgliederzeitschrift der GEW Baden-Würtemberg. 6/2004. S. 6–13.

Schelle, H.: Projekte zum Erfolg führen. München 2001.

Schmitt und Partner Wirtschaftsberatungsgesellschaft mbH (Hrsg.): Projektmanagement. Version 1.7/2002.

Seifert, J. W.: Visualisieren, Präsentieren, Moderieren. Offenbach 2001.

Sennett, R.: Der flexible Mensch. Die Kultur des neuen Kapitalismus. Berlin 1999.

Serviceagentur „Ganztägig Lernen in NRW“ (Hrsg.): Der GanzTag in NRW - Beiträge zur Qualitätsentwicklung. QUIGS. Qualitätsentwicklung in Ganztagsschulen Grundlagen, praktische Tipps und Instrumente. 3. Jg. Heft 4/2007.

The Standish Group International, Inc.: Chaos. Standish Group. Dennis MA. 1995.

Zur Bonsen, M.: Führen mit Visionen. Wiesbaden 2000.

Platz für Ihre Notizen